GEOGRAPHY GEOLOGY & BOTANY

探索地理、地质和植物

[英]北巡游出版公司（North Parade Publishing Ltd.）/ 编著　邹蜜 / 译

重庆出版集团 重庆出版社

探索科学世界的入门指南

Geography, Geology & Botany
Copyright © North Parade Publishing Ltd. 2019
Chinese version © Chongqing Publishing & Media Co., Ltd. 2021
This edition published and translated under license from North Parade Publishing Ltd.
All rights reserved.
版贸核渝字 (2019) 第 217 号

图书在版编目 (CIP) 数据

探索地理、地质和植物 / 英国北巡游出版公司编著；邹蜜译 .
—重庆：重庆出版社，2021.12
ISBN 978-7-229-16229-0

Ⅰ.①探… Ⅱ.①英… ②邹… Ⅲ.①地理—青少年读物 ②地质学—青少年读物 ③植物—青少年读物 Ⅳ.① K9-49 ② P5-49 ③ Q94-49

中国版本图书馆 CIP 数据核字（2021）第 240517 号

探索地理、地质和植物
TANSUO DILI、DIZHI HE ZHIWU
[英] 北巡游出版公司 编著　邹蜜 译
责任编辑：刘　喆　苏　丰
责任校对：李春燕

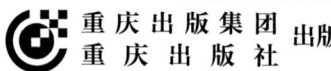出版

重庆市南岸区南滨路 162 号 1 幢　邮政编码：400061　http://www.cqph.com
重庆出版集团艺术设计有限公司 制版
重庆长虹印务有限公司 印刷
重庆出版集团图书发行有限公司 发行
全国新华书店经销

开本：889mm×1194mm　1/16　印张：7.25　字数：80 千
2022 年 1 月第 1 版　2022 年 1 月第 1 次印刷
ISBN 978-7-229-16229-0
定价：49.80 元

如有印装质量问题，请向本集团图书发行有限公司调换：023-61520678

版权所有　侵权必究

目录

世界人口	28
资源与管理	30
旅游业	32
田野调查	34

地球	4
水循环	6
地貌	8
农业	10
天气和气候	12
降水	14
生物圈	16
生态系统	18
生物群落	20
全球变暖	22
气候变化	26

矿物和岩石	36
宝石	38
火成岩	40
沉积岩	42
变质岩	44
岩石循环	46

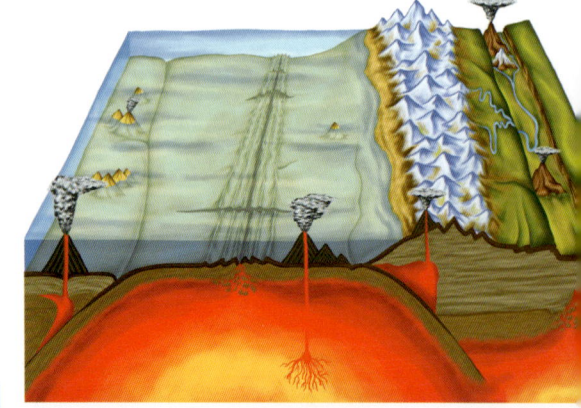

岩石记录	48
化石	50
地球的地质年代	52
生命的起源	54
地形	56
地形的自然形成	58
地形与人类活动	60
板块构造	62
地质灾害	64
地震	66
火山爆发	68
地球资源	70
地质技术	72

光合作用	82
影响光合作用的因素	84
蒸腾作用	86
运输	88
植物营养	90
植物生长	92
发芽	94
授粉	96
繁殖	98
植物的防御	100
植物病害	102
植物分类	104
植物资源	106
植物组织培养	108
转基因作物	110

植物	74
植物细胞	76
植物结构	78
叶片结构	80

地球

地球是一颗类地行星,形成于45亿年前,是目前宇宙中唯一已知的孕育了生命体的星球。地球由四部分构成——内核、外核、地幔和最外层的地壳。薄薄的地壳和上地幔共同组成了地球表面坚硬的岩石圈层,即岩石圈。

ⓘ 地球由四部分构成——内核、外核、地幔和地壳。

地球的截面图

从截面图中可以看到四个各不相同的同心层:

内核位于地球最内层中心,是所有圈层中最热的一层,几乎呈固态结构,主要由铁和镍构成,其温度可高达5000℃,与太阳表面的温度相当。

外核是一个液态圈层,主要成分也是铁和镍,其温度与内核相当。

地幔介于地壳和地核之间,是一个厚度约为2900千米的硅酸盐矿物的岩石外壳。地幔主要成分为半熔岩,即岩浆。上地幔的岩石呈坚硬的固态,靠近地心部分的岩石则是柔软的熔融状态。

地壳是一层薄薄的地球外层,上面分布有陆地和海洋。最初地壳主要是由固态的岩浆物质构成,在经历了周期性的火山活动、陨石撞击以及沉积作用后,形成了现在的形态。

地壳有两种类型:

大陆地壳由火成岩、沉积岩和变质岩构成。花岗岩属于火成岩,是最为常见的岩石类型。花岗岩形成了大陆以及环绕大陆被称为"大陆架"的浅海地带。大陆地壳厚度从35千米至40千米不等。与大洋地壳相比,大陆地壳更厚,密度更低。

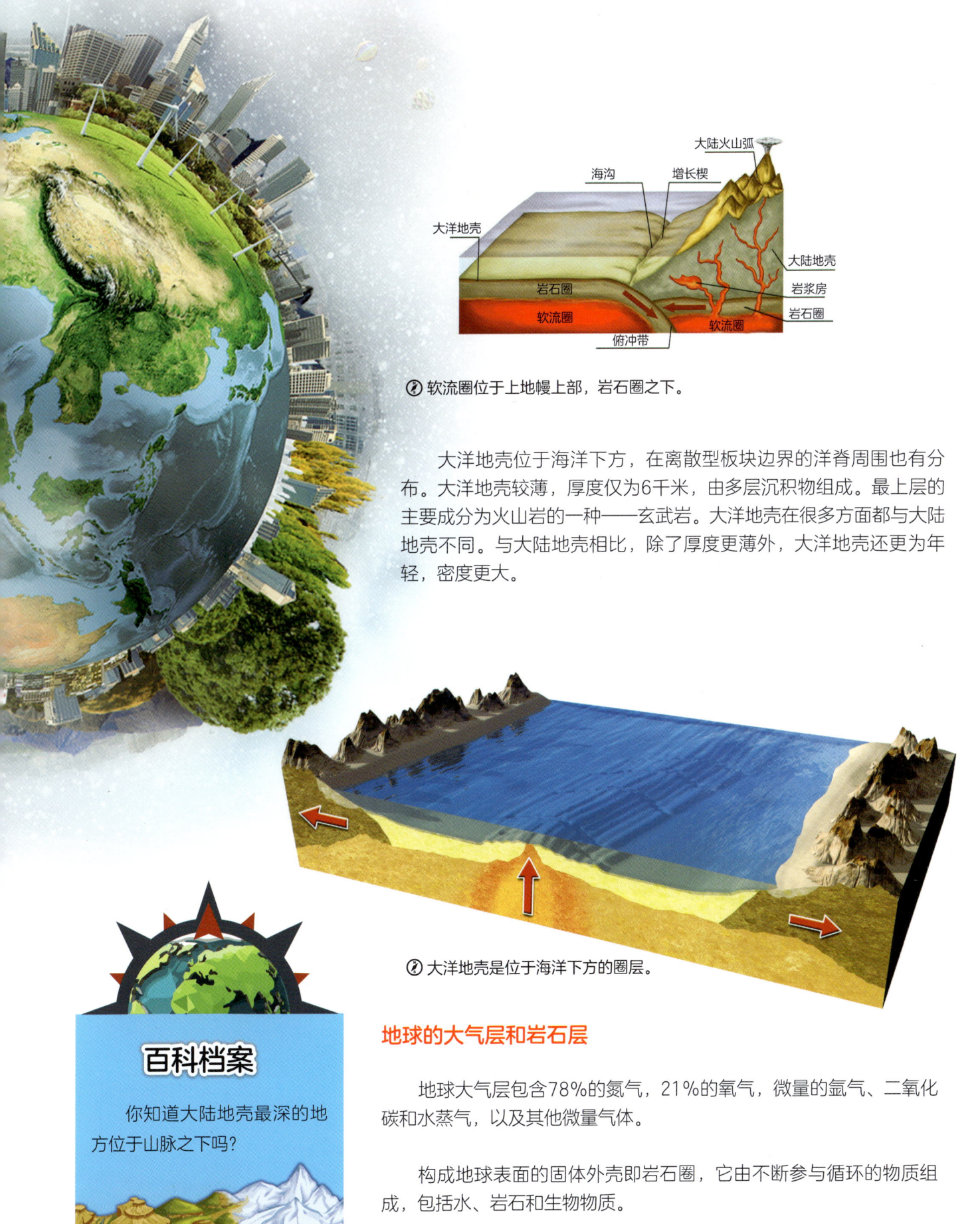

◎ 软流圈位于上地幔上部，岩石圈之下。

大洋地壳位于海洋下方，在离散型板块边界的洋脊周围也有分布。大洋地壳较薄，厚度仅为6千米，由多层沉积物组成。最上层的主要成分为火山岩的一种——玄武岩。大洋地壳在很多方面都与大陆地壳不同。与大陆地壳相比，除了厚度更薄外，大洋地壳还更为年轻，密度更大。

◎ 大洋地壳是位于海洋下方的圈层。

地球的大气层和岩石层

地球大气层包含78%的氮气，21%的氧气，微量的氩气、二氧化碳和水蒸气，以及其他微量气体。

构成地球表面的固体外壳即岩石圈，它由不断参与循环的物质组成，包括水、岩石和生物物质。

这个星球上的所有物质都由游离态或者化合态的元素组成。地球表面最常见的岩石主要由硅、氧元素组成，称为"硅酸盐矿物"。

百科档案

你知道大陆地壳最深的地方位于山脉之下吗？

水循环

地球70%的表面都被水覆盖着。其中99%的水以冰川、冰帽和海洋的形式存在,其余的以河流、湖泊以及大气水蒸气的形式存在。地球上的水不是静止不动的,而是不断地循环,这一过程称为水循环。

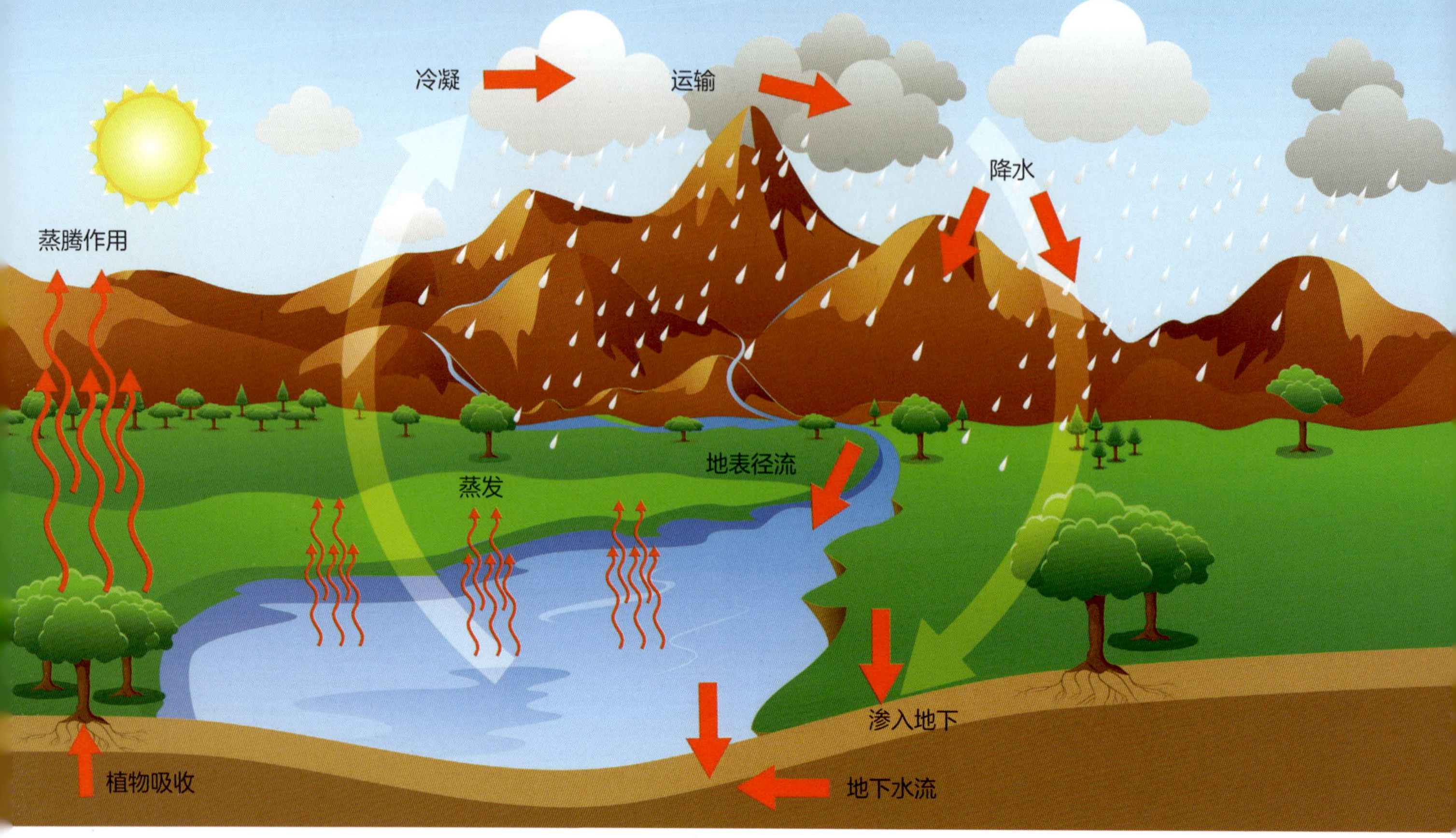

水循环过程

水循环有三个主要的过程:

蒸发:海洋、湖泊以及河流中的水分在太阳照射下升温,小部分转化为水蒸气,并上升到大气中聚集起来。发生在植物叶片表面的蒸发称为蒸腾作用。
冷凝:水蒸气冷却时凝结成微小的液滴。这些液滴聚集形成了云。
降水:液滴相互碰撞并逐渐变大,最终以降雨或者降雪的方式落到地面。雨水渗入土壤中。地表的雨水流入湖泊和河流,最终再次汇入海洋。

百科档案

由岩石和矿物质组成的地下储水层被称为含水层。古老的地下水体被称为化石水!

水循环

降雨带来的水积聚在河流、湖泊和其他水体中,还可以通过"渗透"的过程浸入土壤。没有渗入土壤和树根的多余水分最终流入河流。渗入土层下方岩石的雨水在裂缝和接合处流动积聚,形成地下水。

◉ 侵蚀是水循环引起的一种重要的地质现象。

水循环效应

水循环过程涉及能量交换：水分蒸发时吸收能量，环境温度降低；水分凝结时释放能量，环境温度升高。热量交换是全球气候的重要成因。

在水循环的过程中，蒸发对于像人类一样依赖淡水的生物来说至关重要。在这一环节中，水分得到净化并补充了地球的淡水供应。

水循环通过侵蚀和沉积两个过程，在重塑地表地貌和地质特征方面也发挥了重要作用。侵蚀是土壤和岩石表层长期被剥蚀的过程。沉积与此相反。土壤、粘土和岩石碎片中的小颗粒被水搬运到一起并沉淀为沉积物，这些沉积物不断积聚、硬化，最终形成岩石。

水的储存

许多水生生物生活在含盐量很高的海洋中。还有些生物依靠其他不同形式的储存水生存。地球上的水以海洋、湖泊、河流、池塘和溪流的形式存在。由于风的不断作用，所有这些形式的水都在不断运动，并影响着整个水循环过程。

在寒冷的气候中，水以雪、冰原和冰川的形式存在。以这种形式存储的水更新周期约为十万年。

◉ 水可以以冰盖或者冰川的形式储存起来。

地貌

地球表面由岩石和土壤所组成的不同地形构成。具有共同特征的地形组成群落，称为地貌。地貌具有一个地区特有的地理特征。

⑦ 板块相撞时形成山脉。

地貌类型

地貌可以是自然的，也可以是人造的。山脉、洞穴和河谷为天然地貌；城市、农场为人造或者人文地貌。

自然地貌大致可以分为以下几类：

山脉地貌：板块相撞时形成山脉。这种运动导致陆地被垂直推高。板块的运动和压力塑造了山脉的形态。山脉可以单独存在，也可能连接成群，形成山系或山脊。

⑦ 河流地貌的土壤肥沃、植被丰富。

河流地貌：由河流运动形成的地貌称为河流地貌。河流周围的所有植被和动物都是这类地貌的组成部分。河流地貌最显著的优势之一是土壤肥沃，这是发展农业的理想条件。

海岸地貌：海岸是海陆交汇的地方。海岸地貌由于风和海浪不断侵蚀岩石或物质不断沉积而形成。海滩、悬崖、沙丘、海湾和潟湖都属于海岸地貌。

⑦ 海岸是海陆交汇的地方。

8

沙漠地貌：沙漠干旱缺水，年降雨量不超过25mm。在大多数情况下，沙漠不适宜人类生存，只有少部分生物物种栖息于此。沙漠占据了地球三分之一的表面积，有热荒漠和冷荒漠之分，冷荒漠主要分布于南极和北极地区，热荒漠主要分布于赤道以北和以南的地区。

☀ 热带雨林植被丰富，动物物种繁多。

森林地貌：热带雨林覆盖着郁郁葱葱的常绿植被，是各种各样动物的家园。热带雨林主要分布于赤道附近，平均年降雨量达到1500mm。

热带雨林常年温度稳定，温带森林则四季分明。温带落叶林中生长着大量的落叶树。寒温带针叶林，又称泰加林，主要是针叶树，分布于亚北极地区。

☀ 沙漠气候下的土地非常贫瘠。

百科档案

山脉一般绵延1600千米及以上，一组山脉称为一个山系。

☀ 人类因为特定用途设计了各种人造景观。

人类活动和地貌

人文地貌

人类为定居而修建各种用途的人造地貌，包括公路、污水系统、楼房以及交通网络。

随着科技的飞速发展，人类可以改变现有的自然地貌。例如，在荷兰，大量海水被抽出，恢复了可供耕种的肥沃土壤；横跨河流的水坝用于防控洪水。但有时候，人类对现存地貌的干预会导致不良后果。例如，乱砍滥伐和污染加剧了水土流失。

9

农业

对食物的不断需求，促使古代人类开始进行耕种以及饲养动物。农业是一项至关重要的活动，能够满足人类日益增长的粮食需求。

农业活动

农业活动分为不同类型，以下是其中一部分：

商业性农业：这类农耕活动通常使用先进技术和机械进行大规模的农业生产，生产面积大，投资成本高。农作物、牲畜和家禽都是专为市场销售而产。茶园和咖啡种植园都属于商业性农业。

自给农业：生产面积小，一般为自给自足，仅够养活农民及其家庭。亚马孙河流域的轮作或"刀耕火种"就属于自给农业。

集约农业：集约农业通过使用肥料和杀虫剂将产量最大化。对农场动物使用药物或激素以增加产量也是常见做法。荷兰花卉和球茎的种植就属于集约农业。

粗放农业：这类农业活动所投入的资金和雇佣劳动力相对较少，而土地面积相对较大。只有当大片土地可用于生产时，这种农业才能赢利。美国一些农场的玉米和谷物的生产就属于粗放农业。

⊙ 自给自足的家庭作坊式农业。

影响农业生产的因素

许多因素影响着农业生产，包括劳动力、资金、技术、市场需求和政府政策等。这些因素的重要性和影响程度各不相同。有些地方例如南亚，劳动力廉价易得，但在欧洲或者美国却不然。这些发达地区的农业生产主要依靠自动化机械和其他科技。体力劳动者大量被收割机、挤奶机和拖拉机等机械取代。

◉ 商业性农业需要高昂的维护成本和大量的劳动力。

◉ 在一些国家中，劳动者手工完成所有农业活动。

资金是另外一个重要的影响因素。拥有较多资金的农民可以投资于机械和技术，从而提高产量。基因工程已经培育出了抗虫害、耐旱和高产的作物。市场对于作物和食物的需求影响着利润。

除了这些人为因素之外，环境本身也是农业生产的决定性因素。气候、土壤性质、地形地貌，这些环境因素都决定着土地是否适宜进行农业生产。

百科档案

诺曼·博洛格，被誉为"绿色革命之父"。他帮助近10亿人摆脱饥荒，于1970年获得诺贝尔和平奖。

绿色革命

20世纪60年代，世界人口稳步上升，大家关心的主要问题是如何满足日益增长的粮食需求。增加全球粮食供应的计划被称为"绿色革命"。加强灌溉，增加化肥施用量，更新种子品种，是当时提高粮食产量的主要手段。

绿色革命增加了水稻产量，提高了农民的生活水平，但也存在一些弊端。土地的过度集约利用导致了水土流失；对机器依赖性的增加致使许多人失业，只有买得起化肥和杀虫剂的农民才能从中受益。

◉ 绿色革命对于提高粮食产量发挥了至关重要的作用。

天气和气候

天气和气候是我们经常关注的重要现象。天气指的是大气的日常状况,影响着我们的日常生活。气候则是一个地区长期的平均大气状况。

大气状况

天气是对诸如温度、风、雨和雪等大气条件的日常分析。这些因素每时每分都会改变,且由气象站负责记录。世界各地的天气条件差异很大。即使在同一个国家,各地的天气模式也是多种多样的。

气候是一个地区长期的大气状况。它分析的因素包括温度、风速、平均降雨量、太阳辐射水平、大气压力和湿度等。

天气预报

气象学是地理学的一个分支,主要研究大气,特别是预报天气。天气预报有助于人们提前做好计划。大多数电视频道的新闻报道中都包含天气预报。

气象学家需要收集各种观测数据才能够准确地进行天气预报。在卫星、探空气球和各种仪器的帮助下,全球各地的天气观测数据得以收集。根据输入的数据,计算机模型便会得出天气预报。

⚡ 天气预报是根据收集的数据预测天气。

⚡ 风速计是测量风速的一种仪器。

百科档案

探空气球仅用2个小时便可上升到18至30千米的高空！

气候差异

一些重要的因素决定了全球的气候差异。

纬度：一般来说，靠近赤道的地区气候更热。这是由于地球倾斜，太阳光线集中在赤道上。两极接收到的太阳光很少，平均气温最低。

海拔：温度随着海拔的升高而降低。海拔越高，温度就越低。高山地区气候寒冷，且高海拔地区氧气含量急剧下降。

海陆位置：海洋是沿海地区气候的决定性因素。在夏季，海洋比陆地升温慢，因此位于内陆的地区气温更高。在冬季，海洋比陆地降温慢，因此沿海地区比内陆地区更温暖。

风：风向和风力决定了风的作用。从赤道方向吹来的风通常比较温暖，来自极地的风往往比较寒冷。

❓ 在海拔极高的地区，登山者需要使用便携式氧气罐。

气候带

地球有六大气候带，分别是：

赤道气候带：赤道位于北回归线和南回归线之间。赤道地区平均温度为25~35摄氏度，雨量充沛，湿度较大。大部分雨林都分布在这片地区。

干旱气候带：沙漠气候炎热，干旱缺水，通常分布于亚热带地区。年均降雨量很低，夏天温度超过45摄氏度，冬天则低于0摄氏度。

地中海气候带：地中海地区降雨量少，一些月份的天气温暖晴朗。

温带：包括亚热带地区，气候类型多样，主要受海洋影响。

冰雪气候带：这一气候带夏季短暂，冬季漫长。即使在夏天，靠北的地区也被冰雪覆盖。

极地气候带：极地附近的北极和南极地区最为寒冷，终年冰雪覆盖。

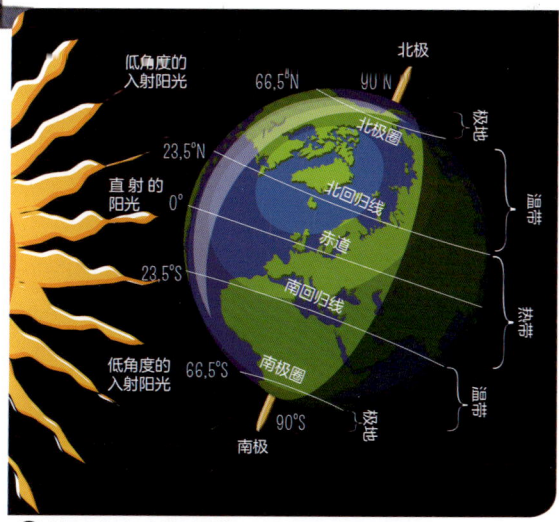

❓ 地球有六大气候带，其特征各不相同。

降水

落在地球上的任何形式的水分都被称为降水。水蒸气聚集形成云，当大气中的水蒸气冷却，达到饱和点并凝结成水滴时，就会发生降水。雨、雪、冰雹和雨夹雪都是不同形式的降水。其中降雨是最常见的降水形式。

雨是如何形成的？

携带着水汽的暖空气在高地上升，上升时空气冷却，水汽凝结成水滴，然后液滴积聚成云，形成降雨。

⊙ 降雨分阶段形成，为水循环的一部分。

云和雨

并不是所有的云都会形成降雨。云主要有三种类型：

卷云：这种云绝对不会带来降雨。它们形成于高空，呈烟雾或笔触般的丝缕状。

积云：形成于中度海拔处，形状蓬松，通常不会带来降雨。但偶尔阴沉的浓积云有可能形成降雨。

层云：属于低云族，像棉被一样笼罩整个天空。层云会带来长时间的降雨或其他形式的降水。

降雨类型

对流雨：太阳辐射使地面温度升高，暖空气从地面上升，导致降雨。这种类型的降雨多发生在炎热的夏日，可能以雷阵雨或者暴雨的形式出现。对流雨常见于赤道附近的地区。

地形雨：当气团湿度升高时，遇高山被迫抬升。气团上升时迅速冷却，水汽凝结成水滴。雨水降落在迎风坡，另一面降雨较少或者没有降雨的山坡称为背风坡。

气旋雨：这类降雨多发于冷暖空气交锋时。冷空气迫使暖空气抬升。暖空气中的水汽凝结成液滴，以降雨的形式降落。

龙卷风的特点就是狂风暴雨。

气象灾害

积雨云聚集在空中，此时常发生雷雨天气，这是由不稳定大气上升引起的。风暴潮的成因包括低气压和狂风。飓风是一种剧烈的热带风暴，通常伴随着狂风。猛烈的雷雨天气则通常伴随着打雷和闪电。

其他降水形式

雨夹雪开始时为降雨，但在接触地面之前，雨滴结成了冰雪，因此出现冰雪与雨混合降落的现象。冰雹常形成于寒冷的风暴云层中。不同于雨夹雪，冰雹通常由冰冻的水滴形成，降落时呈冰团状。降雪是小冰晶的降水形式。雨幡是一种特殊的降雨类型，但往往雨滴未及落地便在空中蒸发。

飓风是指在中东太平洋和北大西洋上生成及活动的热带气旋。

百科档案

雨滴并不是泪滴状，它先变成球状，在下落时呈糖豆状。

生物圈

生物圈是指整个地球的生态系统，既包括有生命的有机体，也包括非生命物质，如水、土壤和空气等。它的范围从深海海沟延伸到海拔几百米高的山峰。生物圈是独一无二的，在太阳系其他地方还没有发现类似的生命形式。

⊙ 生物圈、水圈和大气圈是相互重叠的圈层。

生物圈的重要性

科学家将地球划分为不同圈层。大气圈是地表上空含有气体的圈层。岩石圈是由地壳和上地幔形成的固态岩石表面。地球上所有的水共同组成水圈。生命存在于空气、水和土壤之中，所以生物圈与这些圈层交织重叠。

据估计，生物圈已有35亿年历史。地球上进化最早的生命形式是在没有氧气的情况下进化存活下来的。光合作用和大气中氧气含量的增加这两个重要因素，使得更多的物种得以繁衍生息。物种之间不断的相互作用使生物圈得以存续。

生物圈可以调节氧气、氮气和二氧化碳等气体的含量，使它们维持十分稳定的状态。水循环是发生在生物圈中的另一种过程。在土壤中，生物残骸由称为分解体的微生物转化为营养物质。所有这些过程都是连续发生

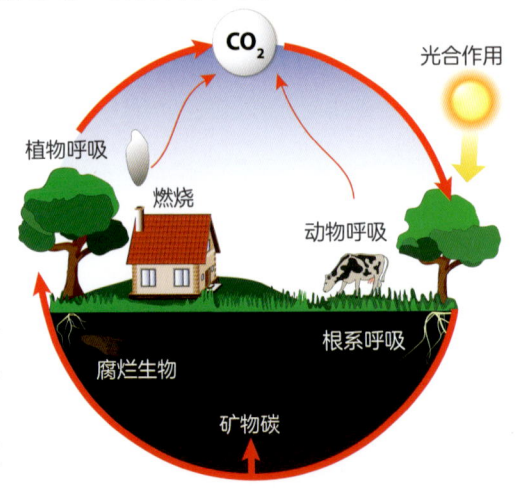

⊙ 碳循环是维持地球生命的重要循环过程。

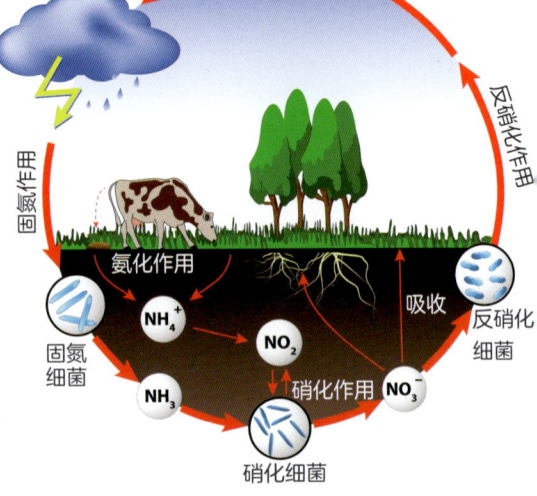

⊙ 氮循环不断循环利用不同形式的可用氮。

的，以保持生物圈的稳定性。

在生物圈中，物质和能量不断循环，使生命在生物圈中生存。所有的物种都直接或者间接地依赖光合作用。

生物圈面临的威胁

乱砍滥伐、狩猎、采矿、采石、交通运输、人类定居点建设、开发水利水电工程以及废弃物产生等活动破坏了一些物种的栖息地。

除了直接影响外，人类活动还加剧了污染，并导致了全球变暖。

许多人类活动是生物圈面临的主要威胁。

保护生物圈

在太阳系中，地球的生物圈是独一无二的。宇宙中还没有发现其他生物圈的存在。然而过去一百年内的人类活动，对我们的生物圈产生了很大的影响。

安全有效的废弃物管理，以及使用可再生能源等是国际社会应对全球变暖、保护生物圈的有效方式。

百科档案

地球上大约生活着300万到3000万种生物，包括鸟类、爬行动物、昆虫、植物和微生物。

有效的废弃物管理是保护地球的重要方式。

17

生态系统

生态系统是指生活在同一环境中的各种动植物群落与自然环境所共同形成的统一整体。生态系统的特点主要取决于气候、植被和土壤类型。所有生态系统都是由生物因子和非生物因子组成的。

生态系统中的生物共享栖息地及资源。

生物因子和非生物因子

生物因子包括所有在生态系统中繁衍生息的生物。其中，植物和绿藻可以进行光合作用，称为"生产者"。它们吸收阳光，并将其转化为食物和能量。"消费者"是指所有以生产者为食的生物。

非生物因子是指一个地区中的非生命物质，如水、阳光、海拔、土壤、大气、营养物质和岩石等。它们影响着生态系统的各个方面。即使其中一个组成因子的改变，也有可能对整个生态系统造成巨大的影响。诸如地震、火山、滑坡和海啸等自然灾害都属于非生物因子。

百科档案

初级生产总值（GPP）是衡量生态系统中所有植物进行净光合作用的指标。

某些非生物因子使动植物的数量维持在一定水平。这些元素称为限制因子。营养元素、水、栖息地等都属于限制因子。

初级生产

利用无机物生产有机物如糖类的过程称为初级生产。最常见的初级生产形式为光合作用。阳光、二氧化碳和水被转化为糖类和能量。这个过程中所产生的能量用于支持地球上的生命延续。

初级生产所产生的碳储存在生物的活组织、残骸、土壤和化石燃料中。初级生产推动着碳循环，碳循环转而影响着全球气候。

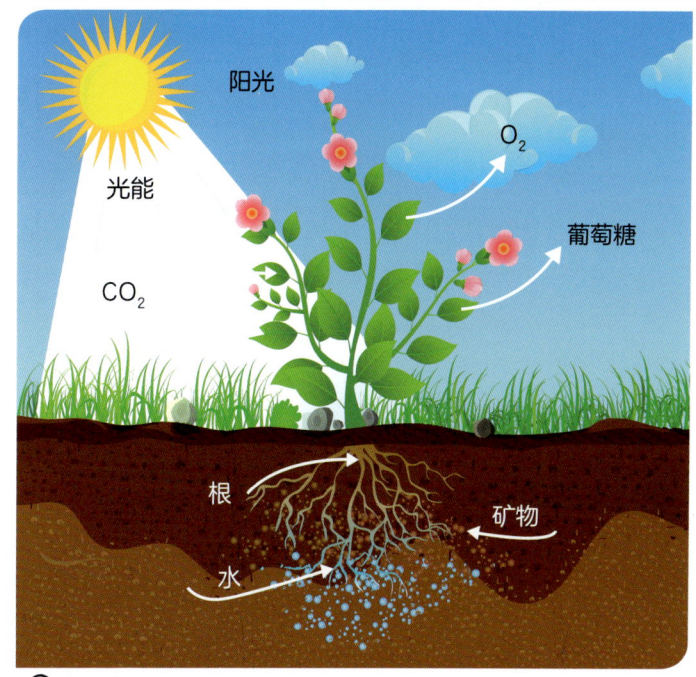

⚡ 生产者进行光合作用，通过食物网为所有有机体提供食物。

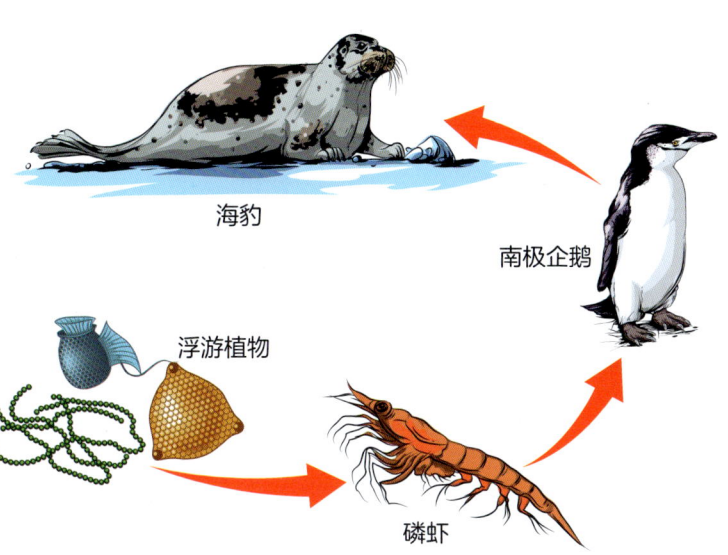

⚡ 食物链构成简单，食物网更为复杂。

能量流动

能量通过光合作用进入生态系统，它被整合到生产者的活组织中，并转移给以生产者为食的消费者，接着传递给以生产者和消费者的遗骸和腐烂物质为食的分解者。能量通过呼吸作用释放到大气中。

从生产者开始到顶级消费者（又称顶级掠食者）结束的顺序被称为食物链。食物链是一种简单的表示方式。在现实生活中，存在着一种更为复杂的系统。在这个系统中，一种生物可能有不同的天敌和猎物。这种复杂的相互关系表现为食物网。

营养级和能量金字塔

"营养级"的概念由生态学家雷蒙德·林德曼提出，指的是生物在包含捕食者和被捕食者的食物链中所处的位置。以能量金字塔表示时，生产者位于底部，往上接着为食草动物和次级消费者（食肉动物和杂食动物）。分解者位于营养级的顶端。能量在金字塔中流动，逐级递减。

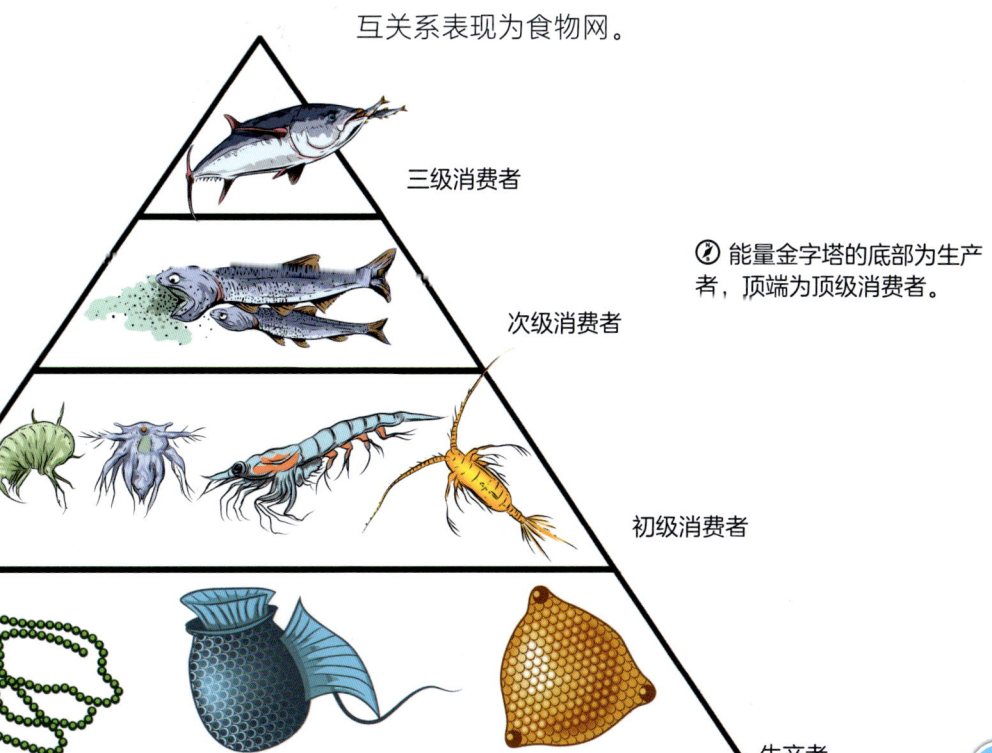

⚡ 能量金字塔的底部为生产者，顶端为顶级消费者。

生物群落

相同时间聚集在同一区域或环境内各种生物种群的集合叫作生物群落。包括土壤、气候和资源在内的物理环境决定了生物群落的性质。生物群落既可分为广泛的类型，也可分为精确的类别。

⑦ 生物群落的类型因气候和纬度而异。

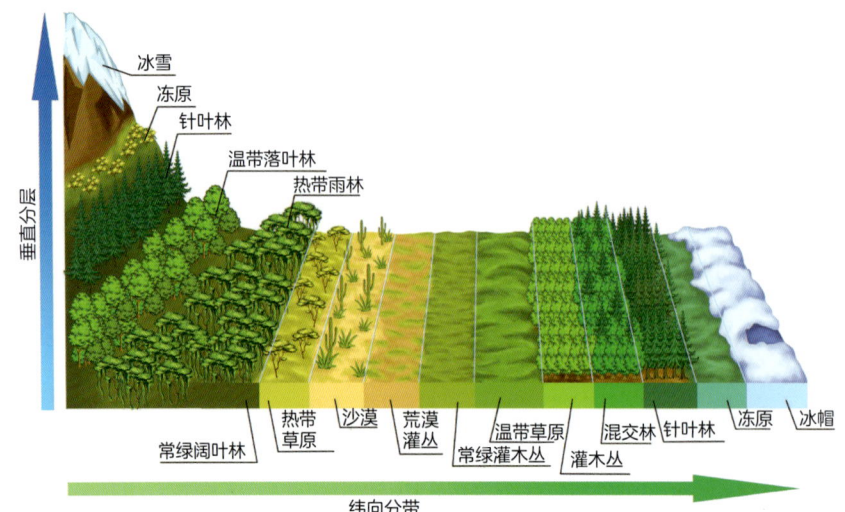

生物群落的变化

地球上遍布着各种各样的生物群落，各个生物群落之间没有清楚明晰的分界。过渡区就是两个生物群落之间的区域，包含着两个相邻生物群落的动植物。这样的过渡区在草原群落和森林群落之间很常见。湿地和海岸则是水陆生物群落之间的过渡区。

生物群落不是恒定不变的——它们处于不停的变化之中。科学家认为大约十万年前，北非地区是一片茂密的森林地区，河流蜿蜒其中。随着气候变得干燥，这一地区变成了干涸的沙漠。北非大多数地区属于世界上最大的沙漠——撒哈拉沙漠。

生物群落的分类

生物群落通常可分为几个大类：森林、草原、沙漠、苔原、淡水和海洋。不过，科学家也会用更细的标准来分类。例如，森林可以分为各自不同的类型。

森林可以分为三类：热带雨林、温带落叶林和针叶林。热带雨林位置靠近赤道，全年温度变化不大，雨量丰沛。温带落叶林以落叶树为主，四季分明。针叶林接近两极地区，气候寒冷。云杉、冷杉、松树等都是针叶林常见树木。

☉ 海洋生物群落呈现出丰富的生物多样性。

水生生物群落

海洋和淡水是水生生物群落主要生存的两种环境。生活在淡水中的动植物已经适应了低盐度的水环境。淡水生物群落包括池塘、湖泊、河流和溪流。海洋生物适应生活在高盐度的沿海水域和海洋中。海洋生物群落包括海洋、入海口和珊瑚礁。

百科档案

地衣生长在岩石上，释放出可溶解岩石的酸，并吸收岩石的矿物质用于其生长所需。

陆地生物群落

陆地生物群落包括热带雨林、温带森林、北方针叶林、热带草原、温带草原、丛林、沙漠和北极苔原。只要气候和地理环境相似，不同地方可能拥有相同结构的生物群落。降水量和平均温度决定着生物群落中的动植物类型。

因为有充沛的雨量、阳光和水源，像热带雨林这样的生物群落的初级生产力是非常高的，植物可以终年生长，进行光合作用。在温带森林，生产力在秋季时低，树叶在冬季自然掉落。其他的生物群落，比如亚热带沙漠和苔原，因为缺少水源或阳光以及食物匮乏等极端条件，生产力非常低。

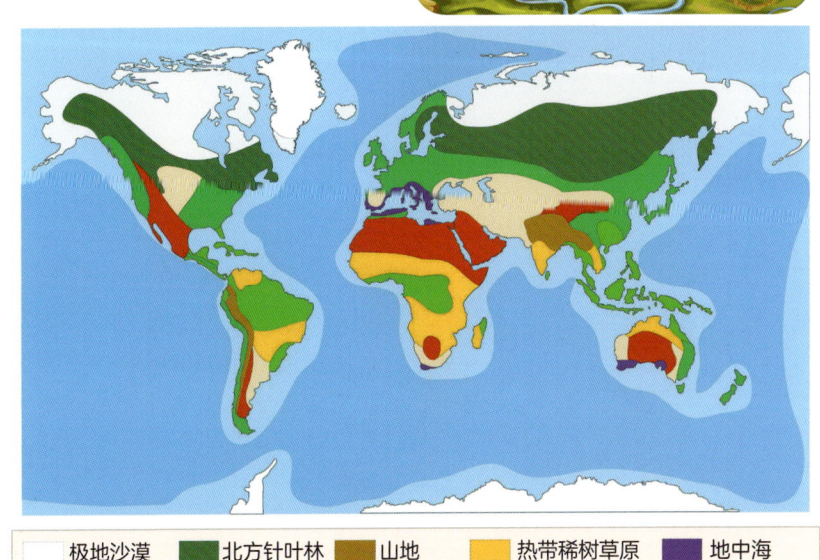

极地沙漠	北方针叶林	山地	热带稀树草原	地中海
冻原	混交林	干草原	热带地区	沙漠

☉ 平均温度和降雨量决定了生物群落的分布。

全球变暖

科学家已经确认地球在过去的几十年中大幅变暖。当二氧化碳和甲烷等气体在大气中聚集，吸收阳光，并将其锁在大气中时，全球变暖就发生了。这一现象被称为"温室效应"。

全球变暖、气候变化和海平面上升之间是相互关联的事件，经常被报道为需要解决的重要问题。20世纪工业革命带来了科技的飞速进步，同时也促进了一些通常需要数千年才能发生的变化。

温室气体

阳光能够穿过大气照射在地球表面。其中一部分阳光被吸收了，剩余的阳光成为了射线反射回去。如果温室气体存于大气中，它们会吸收这些射线，使射线无法释放出去，这样大气的温度就上升了。

二氧化碳、水蒸气和甲烷是最常见的温室气体。这些气体帮助地球保持合适的温度。现在，全球平均温度是15℃。没有温室气体，地球平均温度可能只有-18℃。

大气中温室气体的增多也可能产生不利影响。自从工业革命后，大气中的甲烷量已经翻倍，二氧化碳也增长了30%。

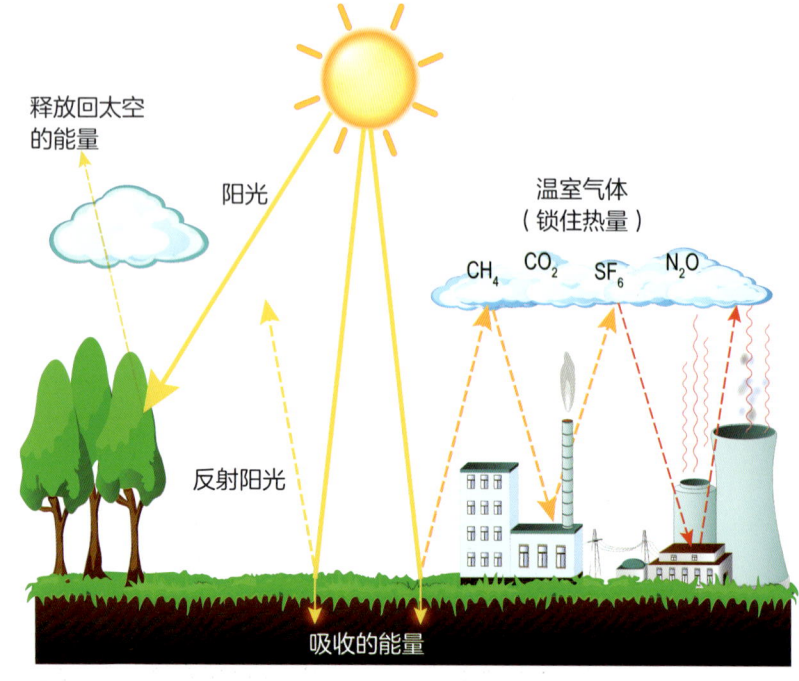

温室气体导致全球变暖。

全球变暖的重要影响

科学家们监测到地球温度从19世纪末开始至今上升了0.85℃，在北半球，从1983年到2012年的三十年间是过去1400年中最热的阶段。地球会自然地经历冷热阶段的变化，但是过去几十年的全球变暖主要是由于工业化和污染。

温度上升和气候变化是由于人类的活动引起的。如果温室气体持续排放，全球平均温度将会继续上升。北极和南极地区将会比其他地区更快变暖。

全球变暖的原因

全球变暖的自然原因：

地球轨道的改变：地球有自然产生的冷暖时期。这主要是由于地球自身的倾斜度和围绕太阳的公转所致。

火山活动：大规模的火山爆发所释放出的大量二氧化碳和火山灰进入大气中，产生全球效应。

太阳耀斑：来自于太阳的射线一直都有波动。太阳耀斑和射线的高喷射也可能导致地球温度的上升。

全球变暖的人为原因：

- 煤和石油等化石燃料的燃烧
- 采伐森林
- 农业和畜牧业
- 空气污染
- 露天垃圾填埋场的垃圾倾倒

采伐森林等人类活动间接导致了全球变暖。

碳足迹

可以通过排放进入大气中的二氧化碳量来估计一个国家对于能源的需求。对于煤炭和原油等化石燃料的依赖是高碳排放的主要原因。

大气中二氧化碳含量的上升加剧了全球变暖和气候变化。发达国家和人口密度大的国家通常碳足迹更大。

气温升高

地球正在逐渐升温，陆地和海洋都变得比几十年前更加暖和。这种温度升高的现象被称为全球变暖。官方于1880年开始记录全球的平均温度。全球变暖和恶劣的异常天气、干旱、野火、极地冰帽融化及海平面上升紧密相关。

温室效应

太阳辐射射向地面，随后以热量的形式反射回大气中。由于各种活动产生的气体将热量保持在大气层中，导致地球温度上升，这就是所谓的温室效应。二氧化碳、水蒸气和甲烷是引起温室效应的主要气体，被称为"温室气体"。化石燃料的燃烧和汽车尾气的排放是温室气体的主要来源。

百科档案

全球变暖导致"珊瑚白化"，澳大利亚大堡礁超过三分之二的面积遭到了破坏。

海平面上升

海平面高度是高潮和低潮之间海洋表面的平均高度，与地球气候紧密相关。海平面并不是一成不变的，它随着冰川和冰原的扩大或融化而不断变化。然而，这个过程需要数千年的时间。

在21世纪，海平面高度的变化是令人担忧的问题，因为过去的几十年内它一直在稳定上升。卫星观测和潮时计算证实了这一发现。海平面将以每年3.4毫米左右的速度继续上升。这是由于全球变暖对冰川和冰原产生影响以及海水由于温度升高而膨胀所致。

由于海水温度升高，大块冰川崩塌融化。

海平面上升的影响

由于海平面上升，生活在海岸线和沿海地区的人们面临的风险最高。全球约80%的大型城市都位于沿海地区，其主要的基础设施以及沿海生态系统都受到了严重影响。

海岸线遭遇的水涝灾害和侵蚀也是海平面上升的结果。最糟糕的情况是接下来的几十年内，一些沿海城市可能会因为海平面上升而被淹没。

由于海平面上升，沿海地区面临着很大的风险。

气候变化

长期来看，地球的气候是在不断且缓慢变化之中的。20世纪50年代以来，全球气温的大幅上升恰好与大规模工业化和经济增长时间重合。全球变暖对地球气候产生了巨大影响。

全球气候

地球是一个由海洋、陆地、大气以及生活在地球上的生物组成并互相作用、互相影响的大系统。系统中任何一部分的重大变化都会产生全球效应。

在过去的50万年间，全球的气候经历了寒冷时期（冰川时期）和温暖时期（间冰期）。冰河时代发生在冰川时期。

最后一次所知的寒冷时期发生在260万年前，并在1万年前结束。这一时期被称为更新世。现在的温暖时期被称为全新世。

对野生动物的威胁

气候变化对于生活在海洋、海岛和极地地区的物种构成了巨大的威胁。据估计，如果任由气候继续变化，世界上六分之一的生物物种都会灭绝。澳大利亚、新西兰和南美洲的生物灭绝威胁最为严重。

在过去几十年里，沿海洪水日益加剧。

气候变化的证据

科学家通过各种不同的途径和观察收集了气候变化的证据。

冰川融化：过去一百年间，北极和南极地区的照片清楚地显示了由于海冰融化造成的冰川消失。由于全球气温上升，导致了冰川的消失。

海平面上升：全球气温上升的直接结果就是海平面从1901年至2010年间上升了0.19米。

冰芯采样：科学家通过冰芯分析气温变化。每次降雪后，空气就会储存在冰中。通过对冰芯采样，科学家能够分析空气中所含气体构成以及当时的温度。这个方法用于计算过去40万年间的气温变化。

季节变化：近年来，每个季节有着明显的可观测到的变化。冬季不如以往寒冷，春季比以往来得更早。这也影响着有迁徙和筑巢习性的野生动物。

百科档案

1993年至2015年间，每年格陵兰岛有2810亿吨冰消失。

气候变化的影响

气候变化的一些影响包括：

冰川融化和海平面上升影响沿海地区和岛屿上成千上万人的生活。

热带风暴强度增加。

极地地区物种灭绝。

未来在加拿大和格陵兰岛冻土地区种植农作物成为可能。

能源消耗减少，特别是对供暖的需求减少。

更长、更暖和的农耕时间。

气候变化的负面影响超过了正面影响。各个国家必须采取积极行动，将排放降低到最小，使得全球变暖放缓，并降低气候变化带来的剧烈影响。

气候变化可能导致某些地区干旱。

世界人口

居住在地球上的人口总数叫作世界人口。人口增长取决于两个因素——出生率和死亡率。一定时期内的世界人口调查为过去、现在和未来趋势提供了有用的信息。

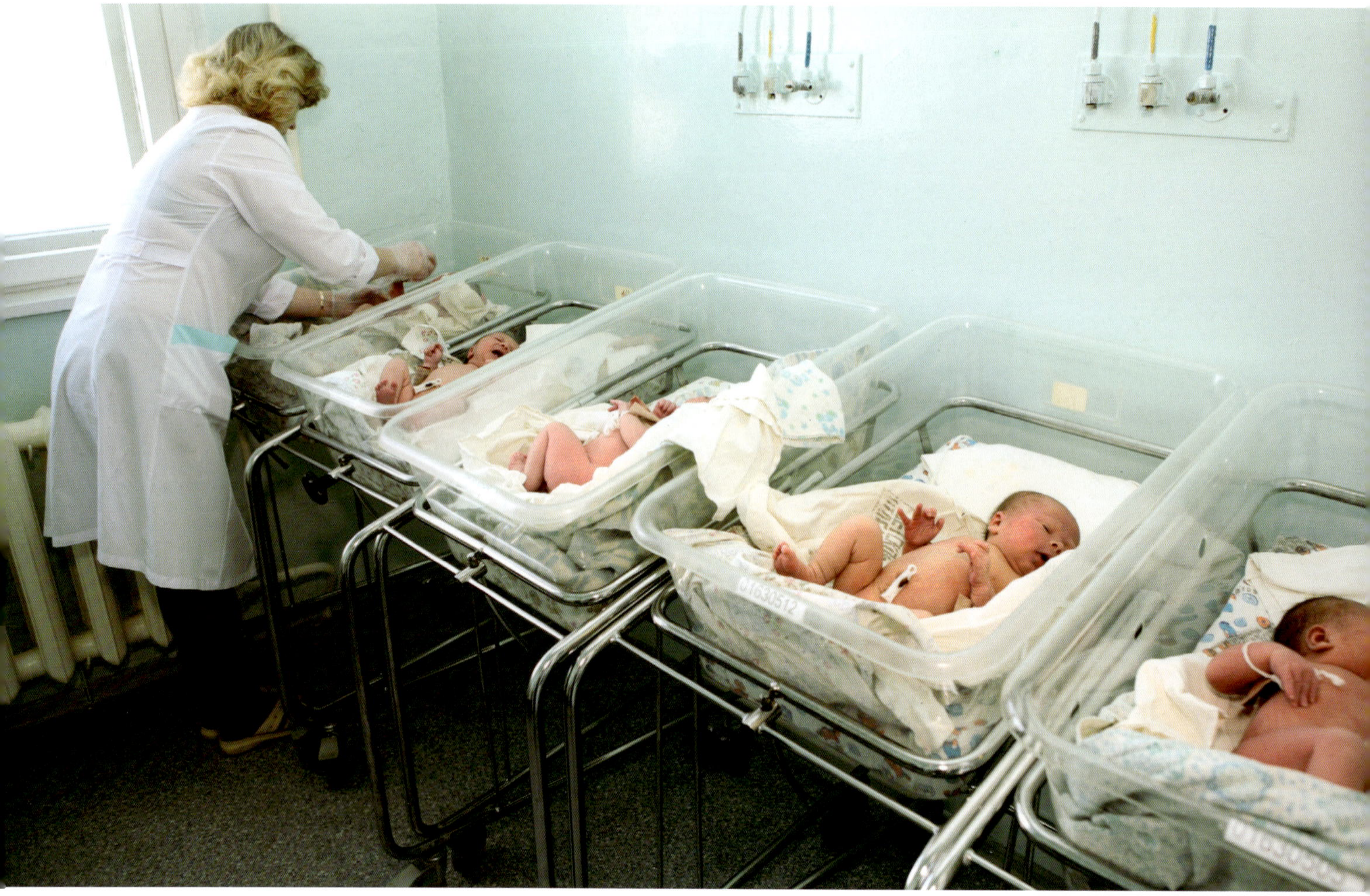

出生率

出生率是指一定时期内平均每千人中出生人数的比率。各个国家的出生率各不相同，其原因也大相径庭。高出生率的国家通常会有以下现象：

- 家庭需要更多成员工作来维持生计
- 需要孩子照顾年迈的父母
- 禁止避孕或缺乏避孕意识

百科档案

联合国报告称世界人口到2050年要达到97亿。

死亡率

死亡率是某地区在一定时期内每千人死亡个体数与同期平均种群数量的比值。在医疗设施不完备、缺乏食物和居住场所、收入低下的地区，死亡率通常较高。疾病流行和卫生设施缺乏会使死亡率增加。

人口模型

人口模型显示了一个国家出生率和死亡率的关系，通常有五个阶段。

第一阶段：这一阶段的出生率和死亡率都高，通常在35‰。处于第一阶段的国家人口增长缓慢。居住在亚马孙雨林的一些土著部落处于该阶段。非洲的撒哈拉以南地区也拥有高出生率和死亡率。

第二阶段：这一阶段出生率高（35‰以上），死亡率较低（20‰）。例如，孟加拉国和尼日利亚是现今处于该阶段的国家。

第三阶段：出生率在这一阶段较低（20‰），死亡率缓慢下降（15‰）。例如，阿根廷现在正处于该阶段。

第四阶段：出生率和死亡率在该阶段双低（均在10‰以下），人口增长几乎为零。英国、美国、澳大利亚以及日本就是处于这一阶段的代表国家。

第五阶段被认为是人口模型的新阶段，例如，瑞典、法国等国家出现了高出生率和死亡率。

人口自然增长率

人口自然增长率指的是出生率和死亡率之间的关系。

人口自然增长率 = 出生率 − 死亡率

如果出生率高于死亡率，人口就会实现正增长。如果死亡率高于出生率，人口就会出现负增长，人口减少。当出生率和死亡率一样时，人口就没有自然增长。

⊙ 非洲撒哈拉以南地区的出生率和死亡率都高。

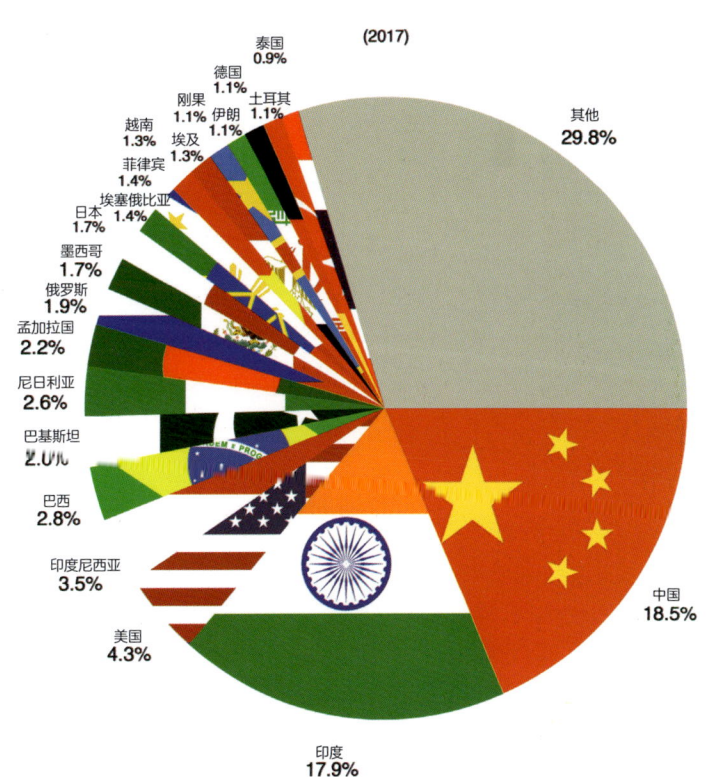

⊙ 中国和印度为世界人口大国。

资源与管理

人类使用地球上的各种资源，以达到诸如建设、运输、住房以及工业等各种目的。自然资源并不是用之不竭的，有些已经变得非常稀缺。世界各国正试图减少利用不可再生资源，并重复利用已有资源，更重要的是依赖可再生的清洁资源。

资源类型

资源可分为三类：

可再生资源：无需管理而能够不断再生的资源。阳光和风是可再生资源的典型例子。

不可再生资源：数量有限，只在一段时间内可用的资源。煤炭和石油就是不可再生资源的典型例子。

可持续资源：管理得当，某些资源是可以再生的，这类资源叫作可持续资源。木材就是可持续资源的典型列子。持续不断地种植新树苗，替补已使用的木材是为了让木材成为可持续资源，通过管理让资源的使用时间更长。

原油及其产品在世界各地被广泛使用。

我们使用的资源

能源：煤炭、石油、风和水都是用于发电的资源。

矿物：矿物岩用于建筑中。好看的矿物宝石用于制作珠宝。制造业也使用了不同种类的矿物。包括铁、铜、金、银和镍在内的金属用于工业和科学加工。两种或者多种金属混合形成的合金等具有独特性能和用途。

农作物：包括小麦、玉米和大米在内的农作物是重要的粮食作物，其他的农作物如棉花和黄麻是为了用于纺织而种植的。

⊙ 矿物是有多种用途的珍贵资源。

木头和木材：木头和木浆用于造纸业，木材多用于建筑业。

牲畜：饲养牲畜是用于食品以及其他产品。

水：水是重要资源，对人类生存至关重要，家庭、工业和农业都需要大量用水。

不平等消费

世界上并非所有国家都是平等地消耗资源。资源消耗大的国家和地区主要是美国、欧洲和日本。非洲、南美洲和一些亚洲国家消耗的资源较少。每个国家拥有资源的多少并不能决定其消耗资源的多少。比如，苏丹有丰富的资源，但国家贫穷，因此资源消耗较少。日本尽管资源贫乏，但却是主要消费国。

⊙ 木头和木材。

管理资源消耗

节约资源并合理使用在21世纪显得尤为重要。许多国家的政府采取积极措施增强人们的意识，减少资源使用，并回收利用、循环使用资源。

⊙ 回收利用是有效管理资源的关键。

百科档案

据估计，全世界最富有的20%人口消耗了全世界86%的可用资源。

旅游业

旅游是为了休闲或者商务目的在一个国家内或不同国家之间旅行的活动。旅游业是快速发展的行业，而且是某些国家的主要收入来源。旅游业对于全球经济和环境有着巨大的影响。

影响旅游业的因素

有一些积极和消极因素影响着旅游业，包括：

积极因素：廉价的航空旅行费用、有吸引力的旅游活动、友好的氛围、不同寻常的目的地、参观和体验新文化。

消极因素：恶劣天气甚至危险天气、恐怖主义和其他不安全的情况。

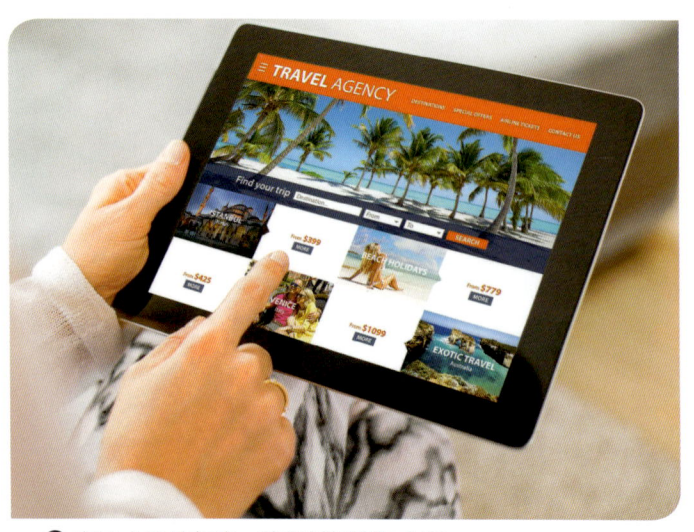

⚡ 在这个科技年代，旅行规划更加方便。

旅游业增长

旅游业的成功背后有许多重要因素，包括：

富足：20世纪50年代以来，普通民众的收入和生活水平有所提高，可支配收入和带薪假期的增加，都促进了旅行和旅游需求的增加。

兴趣爱好：由于广告和互联网，人们对于不同旅游目的地和娱乐选择有了更多的意识和兴趣。

更多选择：无论是小岛还是大国，所有地方都对旅游业敞开大门。根据不同的预算、距离和兴趣，有非常多的旅游目的地可供选择。许多旅游公司提供有吸引力的旅游套餐。

轻松的旅行：获取护照、签证，购买机票，通信都变得更为便捷。许多国家的旅游区还提供多语种导游服务帮助游客。

科技发展：今天在互联网上收集信息只需几分钟。旅行、票务预订以及获取打折机票会更加容易。到异国旅行变得司空见惯。

旅游业发展

旅游业是世界上发展最快的产业之一，而且一直在稳步增长。许多国家受益于旅游业的发展，不断修建基础设施、改善设施，以此吸引更多的游客。旅游业也创造了许多就业机会，从而促进了经济。

生态旅游

成千上万的游客访问同一个旅游目的地，这必定严重影响当地的环境。绿色旅游或者生态旅游倡导游客在旅游的同时尽量减少对环境的负面影响，比如乱扔垃圾、污染和破坏，并通过谨慎控制人流量、减少对污染严重的车辆的使用、确保游客不对目的地造成破坏等措施来实现这一目的。

生态旅游鼓励人们保护自然环境和动植物。生态旅游着重于可再生资源的使用，比如采用太阳能车辆或照明。当地的人们，特别是当地的部族人能够在导游服务中获得收益。

◎ 生态旅游有助于保护栖息地的原始状态。

百科档案

在肯尼亚，政府规定当地的马塞族人可以陪同游客进行游猎活动。

医疗旅游

即人们到别的国家接受在本国没有的或者非常昂贵的医疗服务。医疗旅游者居住在旅游国，接受治疗直到康复。以色列、加拿大和泰国是广受欢迎的医疗旅游目的地。

33

田野调查

田野调查是地理学家的工作之一，通常指的是到访一个地方，进行查询、收集数据和实地调查。田野调查包括观察和收集有关自然环境、人或文化的数据。

调查

田野调查是地理研究的基础。研究者从调查感兴趣或非常有意义的研究方向着手。两类常见的调查包括物理性的和人文性的。物理性调查的问题通常是和自然相关的，比如河流或森林。人文性调查通常是关于人类创造的人工环境的，比如城市或乡村。

人文数据：在人文场所比如村庄、城镇或城市中获得的有关于人的信息。

物理数据：在山峰、河流或森林等自然场景中收集的数据。

统计调查是收集人口信息的一种方法。

数据收集

不论哪种实地考察，数据收集都是非常重要的。目标区域的数据可以以小部分"样本"代表整体情况。数据有以下类型：

主要数据：第一手收集的信息，包括相片、测量数据、统计调查和流水账。

次要数据：从研究论文或互联网等已有来源获得的信息摘要。

百科档案

田野调查对于分辨在消失边缘的语言非常有用。

实地草图

实地草图是非常有用的定性数据类型，有助于人们形象化考察地点。尽管好的绘画技巧是优势，但这并不是必备的。绘制草图是简单且直接的过程。数据收集者确定一处场景，进行粗略的素描并加上标题，画出山丘、河谷、道路或建筑物的轮廓。只需把这些有关的重要信息记下，其他信息可忽略不计。草图是照片的有效补充。

⚡ 实地草图非常有用，是对照片的有效补充。

数据处理

处理收集到的数据有助于分析和推论。有一些常见的数据处理方法：

比率：在两组数据中建立起联系是非常有用的，以图形的方式呈现数据有助于理解。比如，100人中的医生数量为12可以用12∶100来表示。

占比：跟比率类似，占比对分析也非常有用。某一旅游景点的日游客数量或人群的患病率可以用占比来表示。

平均数：对于一般趋势的计算即为平均数。平均值、中值和众数是常见的计算平均数的方法。降雨量可以根据每年收集的数据计算平均数，例如，某地年降雨量为610mm。

百分比：用于显示随时间发生的比例或变化。一个地方一年迁移到城市的人数可以用百分比表示，例如每年有7%的人口从一个村庄搬到城市。

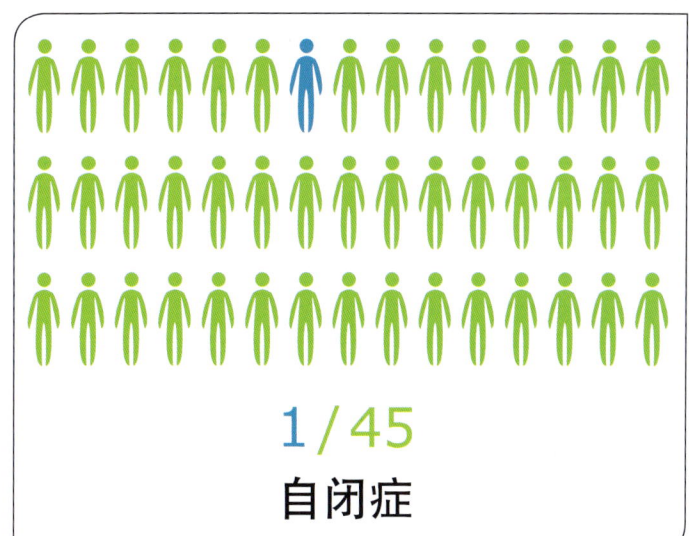

⚡ 比例在数据分析和表示中很有用。

矿物和岩石

地质学是对地球及其内部物质构造，以及地球演变进程进行研究的一门学科。地质学家通过研究分析地球内部构造的类型和特点，可以更好地了解地球的起源，并且开采有用的资源。

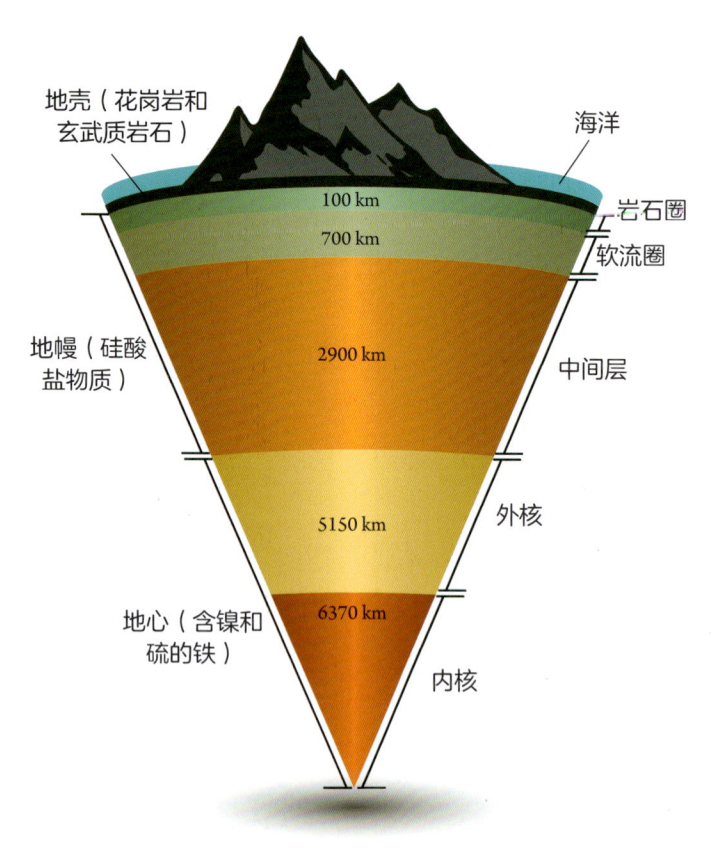

岩石圈

包括地壳和地幔固体部分的地球上部称为岩石圈。它由100多种元素组成。

矿物是具有确定化学成分的天然化合物，包括硫化物、卤化物、碳酸盐、硝酸盐、磷酸盐、氧化物、氢氧化物和硅酸盐。矿物聚集在一起形成了岩石，土壤包含岩石颗粒、粘土和有机残余物。

地壳（花岗岩和玄武质岩石）
海洋
100 km
岩石圈
700 km
软流圈
地幔（硅酸盐物质）
2900 km
中间层
5150 km
外核
地心（含镍和硫的铁）
6370 km
内核

⚡ 地球有许多分层，最上面两层构成了岩石圈。

矿物、岩石和土壤是岩石圈的主要构成成分。岩石圈还包含埋在地下的动植物残骸以及古老的生物化石。

⚡ 土壤由岩石、有机质和粘土组成。

矿物的形成

矿物形成的过程各不相同。结晶是最常见的矿物形成过程。结晶发生的方式各不相同。炽热熔化的大块物质在冷却时，可能发生结晶。石英、云母和长石就是通过这种结晶方式产生的。

方解石、方铅矿和赤铁矿是由深海热泉的液体结晶形成的。石榴石是通过高温高压变质结晶形成的一种矿物质。

⚡ 石榴石是一种通过变质结晶形成的矿物。

36

矿物性质

地质学家使用各种方法确定矿物的特性和来源。质地、硬度、颜色、形状和晶粒大小都可以用于辨别矿物。包含铁或者金等金属的矿物被认为是非常珍贵的。坚硬、有光泽、有吸引力的矿物也被视为宝石或半宝石。

一些矿物通过加工可以形成光彩夺目的宝石。

岩石的形成

岩石在岩石圈内不断地形成和重组。不同类型的岩石，形成的方式也不尽相同。最常见的三种岩石是火成岩、变质岩和沉积岩。火成岩是熔岩物质在冷却时形成的。变质岩是已有岩石在极度高压高温的条件下形成的。沉积岩是由受侵蚀的土壤和某些沉降物质形成的。

百科档案

矿物有结晶结构，即矿物由有序排列而成的原子构成。

岩浆对于形成火山火成岩起到了关键作用。

宝石

宝石也是矿物，其晶体结构展现出独特原子排列方式。它们有相当大的价值，尤其是经过切割、打磨或雕刻之后。这些晶体矿物表现出不同的颜色和特殊的物理化学性质。

贵重宝石和半宝石

在宝石中，根据宝石的特质和珍稀度，有一些宝石的分级属于贵重宝石。钻石、红宝石和翡翠就属于贵重宝石。矿产丰富的宝石即为半宝石。紫水晶就是分布在世界各地的半宝石。

宝石的特性主要是以下几方面：
1. 晶体结构（和独特的原子排列）；
2. 晶体中的化学键；
3. 沿着解理面分割的能力。

虽然石墨和钻石都由碳原子构成，但是其晶体结构和化学键却大不相同。强劲的化学键和原子排列方式使金刚石具有光泽和较高的硬度。

② 宝石展现出独特的晶体结构，可以用不同方式进行加工。

② 钻石是世界上最受欢迎的宝石之一。

莫氏硬度标尺

莫氏硬度用来测量天然矿石的硬度。它以矿物学家腓特烈·摩斯命名，是根据一种矿物划伤另一种矿物的能力而发展起来的硬度标尺。莫氏硬度表列出了10种矿物，按硬度的递增顺序排列，分别是滑石、石膏、方解石、萤石、磷灰石、正长石、石英、黄玉、刚玉和金刚石。矿物的硬度是由化学键结合样式和原子类型决定的。

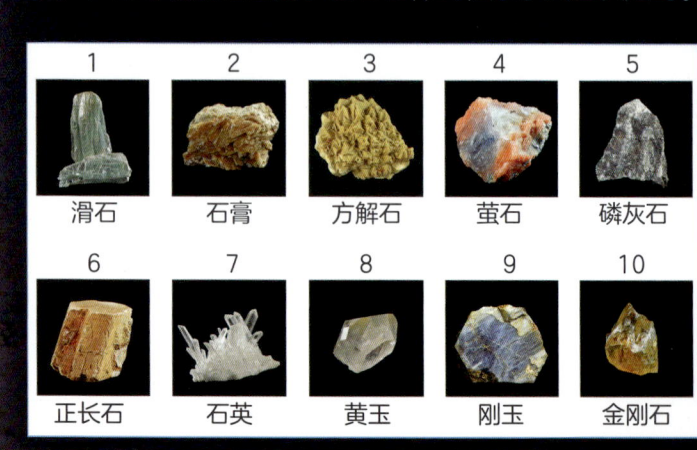

1	2	3	4	5
滑石	石膏	方解石	萤石	磷灰石
6	7	8	9	10
正长石	石英	黄玉	刚玉	金刚石

宝石加工

矿物宝石被切割和打磨的过程叫作宝石加工。在加工之前，宝石只是"原石"。然后经过轻轻敲打以去除易碎材料之后，即成为了"卵石"。钻石是已知的最坚硬的物质，可以用于切割其他宝石。

研磨和抛光是宝石加工的两种主要技术。研磨是在包含研磨剂和水的特制转筒中进行。有时候为了获得光滑的石头通常需要花费好几天的时间。

经过加工后，宝石被抛光，展现出玻璃般的清透光芒。切面是将宝石切割成几何形状的过程。宝石工匠是拥有纯熟的切割、抛光以及切面等手艺的匠人，能够将宝石和半宝石打造成赏心悦目的装饰物或艺术品。

① 宝石经过精心切割并抛光，以达到最终的效果。

② 钻石被精心切割后，可以以一种独特的方式展现它的美丽。

有机宝石

几乎所有的宝石都是由矿物构成的。但是，有一小部分是由来自生物体的有机材料构成的。有机宝石包括珍珠和琥珀等。跟矿物宝石相似，有机宝石通过切割和抛光可以最大化它们的价值并展现它们的美丽。

③ 珍珠在活体生物贝壳中形成。

常见的宝石

石榴石	祖母绿	蓝宝石
紫水晶	珍珠	猫眼石
海蓝宝石	红宝石	黄玉
钻石	橄榄石	绿松石

百科档案

钻石是最坚硬的宝石，琥珀是最柔软的宝石。

39

火成岩

火成岩是地球内部炽热熔化的熔岩物质从地心深处流出地表后冷却固化形成的。火成（IGNEOU）一词来自希腊语，意思是"火"。根据冷却的速度，火成岩分为两种类型。

火成岩是如何形成的？

火成岩可以在地壳深处或地表形成。在地表形成的火成岩能够快速冷却，而那些在温度极高的地壳深处形成的火成岩，则可能会经历几千年时间冷却。因此火成岩分为两类：形成于地表以下的侵入岩和形成于地表的喷出岩。因为冷却速度快，喷出岩有细晶粒，而侵入岩多为粗晶粒。

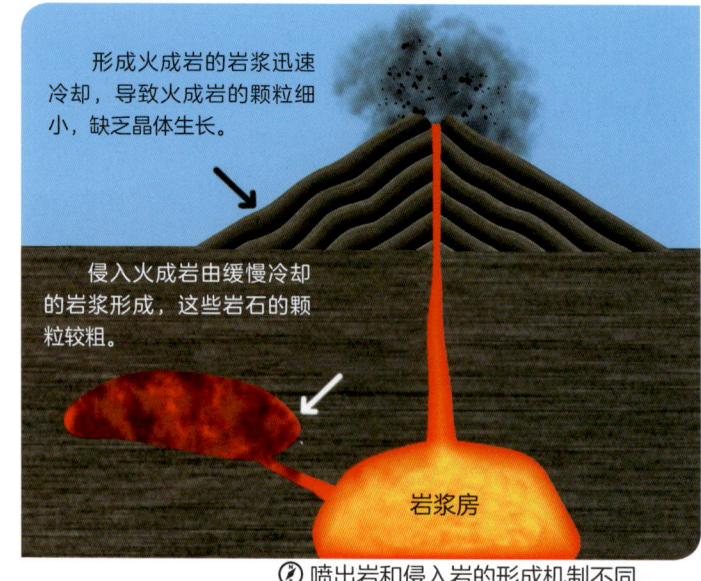

形成火成岩的岩浆迅速冷却，导致火成岩的颗粒细小，缺乏晶体生长。

侵入火成岩由缓慢冷却的岩浆形成，这些岩石的颗粒较粗。

岩浆房

⑦ 喷出岩和侵入岩的形成机制不同。

侵入火成岩

当岩浆（从地表深处产生的热熔液体）被困于地下，在地壳深处冷却凝固，形成侵入火成岩。在地表之下，岩浆经历了几千年，甚至几亿年的时间缓慢冷却并固化。由于岩浆侵入而缓慢冷却，有足够的时间使矿物结晶，因此侵入岩晶粒粗大，具有明显的晶质结构。这些岩石也被称为深成岩。

闪长岩：一种颜色深、晶状、颗粒粗糙的岩石，非常坚硬。

橄榄岩：颗粒粗糙的深色岩石，有丰富的铁、镁成分。

辉长岩：颗粒粗糙的深色岩石，在深海地壳中非常丰富。

伟晶岩：在岩浆结晶的最后阶段形成，颗粒巨大。

花岗岩：最常见的粗颗粒晶状岩石。

纯橄榄岩：这种岩石主要由橄榄石和少量其他矿物构成。

喷出火成岩

　　喷出火成岩又被称为火山岩，是岩浆溢出地表，在地表迅速冷却形成的。岩浆通过火山爆发或火山裂缝到达地面。被迫喷出的岩浆称为熔岩。暴露在地表温度环境中的岩浆或熔岩冷却得非常快。因为没有时间形成岩石颗粒，所以喷出火成岩颗粒细腻，呈玻璃质地。有时候，气泡可能在岩石形成时被困住，形成多孔结构。

☝ 夏威夷火山国家公园的岩浆地中被封住的岩浆流。

玄武岩：最常见的喷出岩，颜色深、质地细腻。

黑曜石：一种深黑色、玻璃质地的火山岩，通过岩浆快速冷却形成，无结晶过程。

浮石：一种浅色火山岩，有气泡，质地粗糙，可能含有晶体，也可能不含有晶体。

流纹岩：通常呈粉色或灰色，是一种火山岩，质地非常细腻，含硅量高。

火山渣：由火山排出的岩浆和岩石碎块形成的多泡深色岩石。

凝灰岩：轻并且多孔的岩石，由火山灰堆积而成。

☝ 巨人之路是古代火山喷发时，由互相连接在一起的玄武石柱形成。

百科档案

95%的地壳上部都由火成岩构成。

41

沉积岩

沉积岩是由沉积物堆积和黏附形成的。它们除了含有预先存在的岩石，也可能含有有机物和动物遗骸的碎片。根据构成和形成方式，沉积岩分为三种主要类型。

碎屑沉积岩

由于物理风化和侵蚀作用，分解的碎片（称为"碎屑"）堆积形成碎屑沉积岩。形成碎屑沉积岩的绝佳环境是河床，流动的水带来的碎石、沙子和泥土。松散的沉积物可以固化成坚硬的岩石。根据质地、颗粒大小和构成成分，碎屑沉积岩又可以分类。

① 沉积岩能够抵抗风化作用，形成巨大悬崖。

黑硅石：更常用的名字是"燧石"，几乎全由硅形成，非常坚硬。

角砾岩：这种岩石由大块角状石片形成，缝隙中充满了较小颗粒和矿物。

页岩：由压缩的泥浆、粘土片和微小矿物碎片形成的细颗粒岩石。

① "波浪谷"是位于美国亚利桑那州的砂砾岩体构造。

42

这个克罗地亚的洞穴是由石灰岩构成的。

有机沉积岩

有机沉积岩是由各种有机物质，例如植物残余、贝壳和动物遗骸等堆积形成的。在沼泽地或泥炭沼中的沉积物经过数千年的积累，形成黑色、松软，含丰富化石的有机沉积岩。

煤炭：一种黑色、松软，含碳丰富的有机沉积岩。

贝壳灰岩：由软体动物、三叶虫以及腕足类动物等无脊椎动物的贝壳碎片混凝而成。

化学沉积岩

化学沉积岩是当溶解在水中的矿物成分沉淀并硬化时形成的。这一过程可能在温泉或是海水蒸发矿物沉积的附近发生。由于形成（水凝）方式，这些岩石质地晶莹。

石膏：由海水中形成的沉积物形成，可开采用于不同用途。

岩盐：也被称为石盐，岩盐在干涸的湖床或海床周围形成，通常为白色，但是根据不同的杂质，颜色丰富多变。

百科档案

沉积岩的一个显著特征是它具有"地层"结构。

43

变质岩

变质岩是由经历了变化的火成岩或沉积岩形成的。导致这类岩石形成的因素包括高温、高压、与熔融矿物流体的接触以及所有这些因素的综合作用。

变质岩的形成

变质岩形成发生于地球深处，通常在板块交界处。极端的高热和高压不会熔化岩石，相反，高热高压将现存的岩石转化为密度更高、更坚实的岩石。因为处于地表之下，变质岩通常经过了碾压、弥散和折叠。

⊙ 智利卡雷拉湖的大理岩溶洞是大理石经过自然侵蚀而形成的。

百科档案

你知道大理石是石灰岩变质形成的吗？

变质岩的类型

片理变质岩：某些变质岩呈现带状或页片状。这是由于矿物颗粒平行排列，让岩石看起来呈带状。页片通常由高压挤压岩石中的矿物形成的，所以岩石呈片状或板状结构。

片岩：片岩包含扁平片状纹理，可以分割成不规则的片状。

板岩：纹理细腻的岩石，由火山灰或粘土形成，可以很容易地被劈成石板，这是非常独特的特性。

片麻岩：这是一种带状岩石，颜色深浅不同，由云母和石英构成不同分层。

非片理变质岩：这种变质岩没有像片理变质岩那样明显的片状或片状结构。它们形成于被困在地球表面下的穹顶状岩浆周围，被称为"火成侵入体"。在这里，温度高但是压力低或刚好合适，所以，形成的岩石有大尺寸的矿物颗粒，结构紧密，密度大。

石英岩：由变质砂岩形成，包含石英。

大理石：由石灰岩变质形成，主要成分为碳酸钙。

角页岩：没有典型成分，通过靠近岩浆房等热源而被"烘焙"而成。

希腊雅典卫城的帕台农神庙

帕台农神庙是世界上最著名的旅游景点之一，辨识度很高。神庙的基座是由石灰岩建成的，巨大的石柱由一种叫作潘泰列克的大理石制成。这种大理石纹理细腻，白色中透着金光。

② 帕台农神庙被认为是希腊经久不衰的象征。

岩石循环

岩石循环包含一系列不断发生的变化过程。火成岩转化为沉积岩，沉积岩转化为变质岩，变质岩又转化为沉积岩或火成岩。岩石循环是一个漫长的过程，可能持续数亿年。

岩石的变化

火成岩是由岩浆冷却结晶形成的。岩浆是熔融矿物的混合物。这些岩石是岩浆在地下缓慢冷却或在地表上快速冷却形成的。火成岩也形成于熔岩流。

几亿年来，风和水作用于地球表面的岩石并对其产生影响。随着时间的推移，岩石变成碎片，碎片从它们的起源地移动到另一个地方，并在那里沉淀形成沉积物。沉积物聚集，并通过成岩作用形成沉积岩。

岩石还受高热影响。改变岩石的热量来自于地表深处。在高热高压条件下，岩石被长时间"烘烤"，缓慢发生改变。温度在300～700℃之间，足以改变岩石结构，但是不会让岩石熔化成液体。受到高热影响的火成岩和沉积岩转化为变质岩。

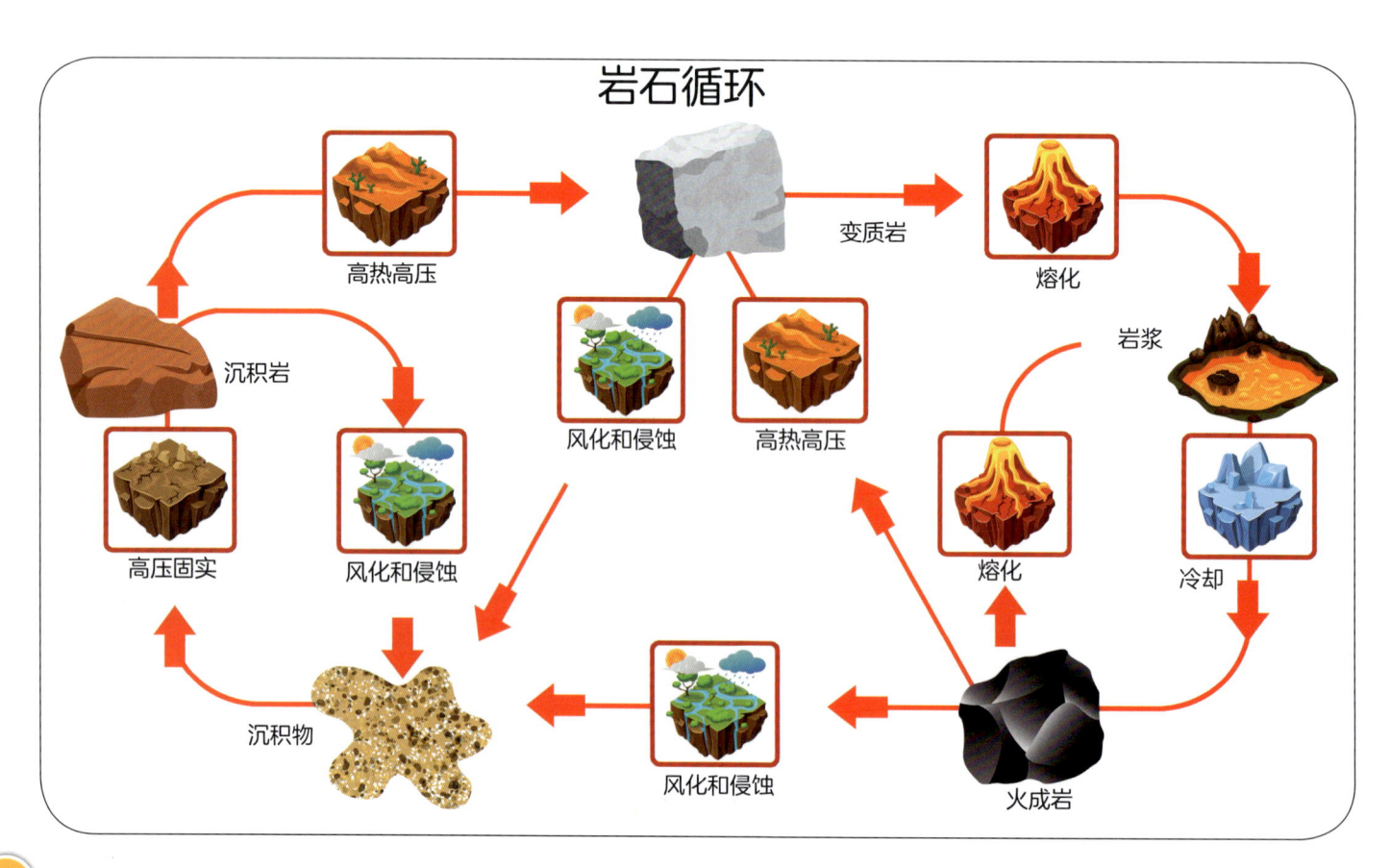

百科档案

陨石是来自宇宙的岩石。它们的矿物构成非常不同，通常铁质丰富。

岩石循环

沉积岩 — 高热高压 — 变质岩 — 熔化 — 岩浆 — 冷却 — 火成岩 — 风化和侵蚀 — 沉积物 — 高压固实 — 沉积岩

风化和侵蚀、高热高压、熔化

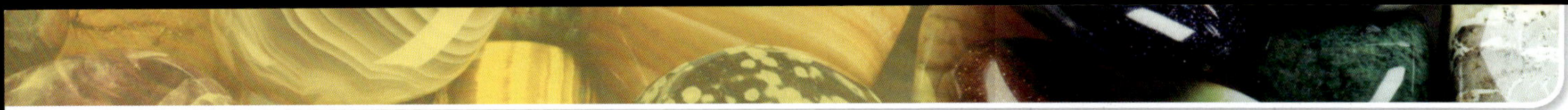

岩石循环的连续性

在海底，岩浆膨胀，从裂缝中渗出，不断漫延。这种岩浆冷却产生了一种新的岩石类型，玄武岩就是通过这一过程形成的。

当地球板块运动或碰撞时，会产生热量。板块碰撞形成山脉，热量将最初的岩石转化为变质岩。这一过程中所释放的热量让海水温度升高。海水通过裂缝循环，岩石分解成碎片，形成沉积岩。

山脉中的变质岩因为自然界高温、雨水和其他作用而发生改变。碎片继续分解，作为沉积物发生移动，从而形成新的岩石类型。

水下火山释放的岩浆逐渐形成玄武岩。

汇聚

离散

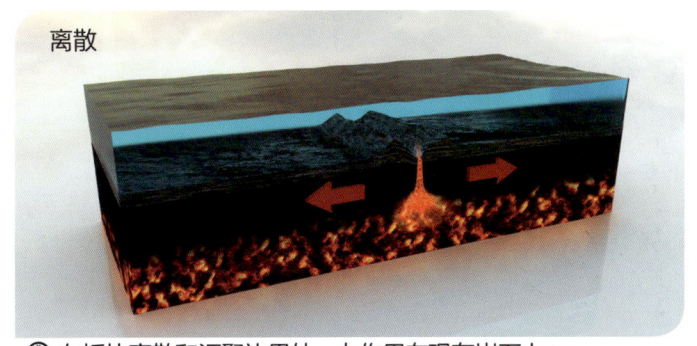

在板块离散和汇聚边界处，力作用在现存岩石上。

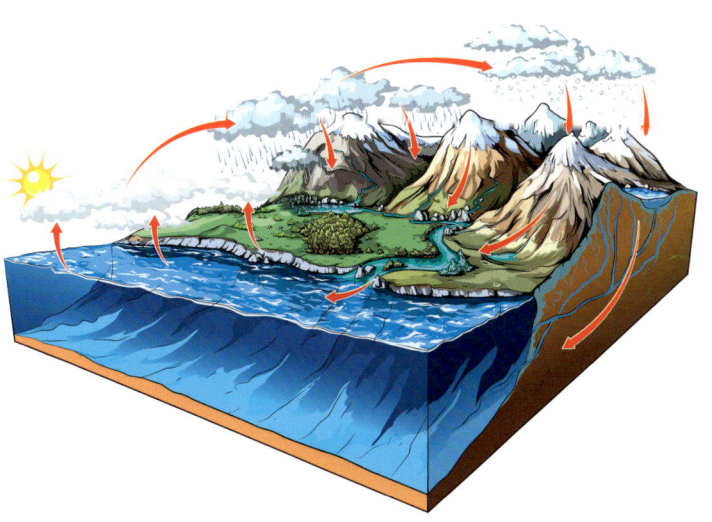

驱动岩石循环的力量

在岩石循环过程中有许多力量都发挥了重要作用。下列是一些对岩石循环有大规模影响的最重要的作用力。

板块构造：构成地壳的构造板块在岩石循环中起着重要作用。在板块相互远离处，岩浆被带到地面形成火成岩。在板块碰撞处，沉积物沉积而成沉积岩。

俯冲带：俯冲带是一个板块在另一个板块之下移动的地方。

扩张洋脊：在海洋中间的离散边界中，地幔上涌形成了新的岩浆。岩浆是形成侵入火成岩的第一步。

大陆碰撞和侵蚀：大陆碰撞和山脉形成时，会发生大规模侵蚀。高山岩石消磨为沉积物，被新形成的侵蚀碎片覆盖。

水循环：水是岩石循环的重要作用因素。丰富的地表水和地下水能够保证风化和侵蚀等过程的进行。水能溶解矿物，分解岩石碎片，将沉积物搬运到其他地方。这些堆积的沉积物又形成了岩石。

水循环在分解岩石中起了重要作用。

47

岩石记录

包括岩石和化石在内的地质构造为地球过去的条件和环境提供了记录档案。通过对岩石形态的研究，我们可以更好地了解地球上的生命起源和地质变化。岩石记录有助于地质学家将信息拼凑在一起，以便更好地了解地球早期历史。

岩石记录是什么？

地质学家通过岩石记录进行分析。岩石记录是现存的一系列岩石，它无法清晰精确地显示地球地质变化过程。因为循环作用，岩石在几亿年间不断变化：熔化、碾碎、分解或被埋。"岩石记录"指的是岩石没有参与循环的部分。

通过对于岩石记录的研究，地质学家可推断出地球的年龄和历史。岩石记录用于测量计算地质时间。化石在岩石记录中的存在更有价值，因为它可以使调查更容易，也可以提供有关该地点过去地理和气候的线索。

◎ 镶嵌在岩石中的化石。

"大陆漂移"学说解释了由于地球板块移动引起的大陆板块重组。这一学说建立在对于岩石记录的研究之上。岩石循环也有助于确认地球上许多物种的灭绝，其中最广为人知的便是恐龙。

泛大陆　　　　　劳亚古大陆和冈瓦纳大陆　　　　　现代大陆版图

◎ 数亿年来，构成大陆的板块不断在重组。

⊙ 对地质学家来说，沉积岩肉眼可见的沉积物分层是非常有帮助的。

地层学

沉积物堆积成不同的分层，形成了沉积岩。最近形成的岩石层位于最表面，而较早的岩石层位于下面。考古学家和古生物学家发现，确定岩层的年代对于了解岩石的年代和历史非常有帮助。

对于岩层及其与地质年代的关系的研究叫作地层学。岩石地层学根据颜色、纹理和形状将岩石分类。

百科档案

迄今为止发现的化石，大多是生活在水中或接近水的原始生物。

化石

化石为地球早期生命和进化过程提供了重要线索。火成岩很少有化石，因为构成这种岩石的物质都来自火山喷发或岩浆渗出。变质岩也经历了非常严重的破坏性过程，这也会完全地摧毁可能镶嵌于内的化石。大多数保留下来的化石都是从沉积岩中提取出来的。

⊙ 三叶虫拥有坚硬的外骨骼，因此留下了丰富的化石记录。

化石

化石是被自然以不同形式保存的史前生物的遗骸、痕迹或印记。出土的岩石要被认定为化石，必须要求其存在已超过一万年时间，且早于有记录的人类历史。"化石"（fossil）这一词来自于拉丁语，意为"通过挖掘获得"。

化石种类

迄今为止发掘的化石年代相差非常大。已知最古老的化石约有35亿年的历史。然而，复杂多细胞生物是从6亿年前才开始进化的。

化石可分为两类：

实体化石是曾经生活在某个地点的有机体的遗骸。实体化石包括骨骼、贝壳、牙齿和蛋等身体部分。实体化石为生物体形态、特点研究提供了详细的信息。

遗迹化石显示了曾经存在的生物的痕迹，包括脚印、足迹、地洞和排泄物。

⑦ 实体化石为生物体形态的重要细节证据。

⑦ 粪化石是史前生物化石化的排泄物。

化石的作用和局限性

化石可帮助地质学家和生物学家了解地球的情况和几亿年前曾经生活在地球上的生物种类。化石也是生物进化的有力证据。

然而，化石非常罕见，因为它需要在特定条件下才能形成。没有坚硬骨骼或外壳的生物无法历经岁月还能原封不动地保存下来。据估计，有化石记录的生物只占地球上所有存在过的生物种类的5%。

百科档案

地质学家所发现的带有微小颗粒的沉积岩，是史前细菌释放的副产物。

化石

化石通常出现在靠近河床、海洋和湿地的沉积物中。化石形成的过程需要特殊的条件，生物体才能死亡却不腐烂，留下存在的痕迹。这些条件包括：

快速永久性的埋葬，特别是在泥炭沼泽或沼泽等区域；
缺少空气，腐烂延缓或腐烂停止；
持续不断的沉积物堆积；
没有能够摧毁化石的高温高压。

不同的化石形成方式

石化：也被称为完全矿化，这种情况发生在生物被完全掩埋后，数年以后，有机物质被二氧化硅或方解石等矿物所取代。石化的优势是它能够准确地保存细胞结构的微小细节。石化木、三叶虫化石和所有的恐龙骨骼就属于石化化石。

⊙ 木头埋在缺氧的地方会石化。

模或铸：在这个过程中生物遗体在地层或围岩中留下模印，这就是模。当模印被岩石或矿物质填满，就是铸。无脊椎双壳类动物经常通过该种方式形成化石。

碳化：在碳化过程中，生物有机体的大部分有机物质被去除，只留下碳。以这种方式形成的化石在岩石上是薄而暗的薄膜。许多植物化石就是通过这种方式保存下来的。

⊙ 硬壳生物在岩石上留下完美的印迹。

原封不动：比较罕见的情况下，有机体在冰或者琥珀中被木乃伊化，保存了生物原有的模样。猛犸象在冰雪中原封不动地被保存了下来，困在琥珀中的昆虫也被发现完好无损。

⊙ 因为碳化的原因，树叶呈现黑色。

⊙ 昆虫和一些小动物在琥珀中被完整地保存了下来。

51

地球的地质年代

地球已经有45亿年的历史了。自形成之初，地球经历了巨大的变化，地球的历史可以分为四个主要时期——前寒武纪、古生代、中生代和新生代。

前寒武纪

这一时期是地球最早的一个时期，包含地球形成之初到6亿年前的地质时间。这一时期占到了地球历史的90%，又分为冥古代、太古代和元古代时期。冥古代是最古老的时期，当时的地球只有茫茫无边的沸腾岩石和硫黄、火山和陨石坑。

太古代时，地球温度大幅度下降。只有地球内部还保持高温。单细胞生物开始在海洋中出现。元古代时，大陆开始形成，更多的生命形式开始出现。

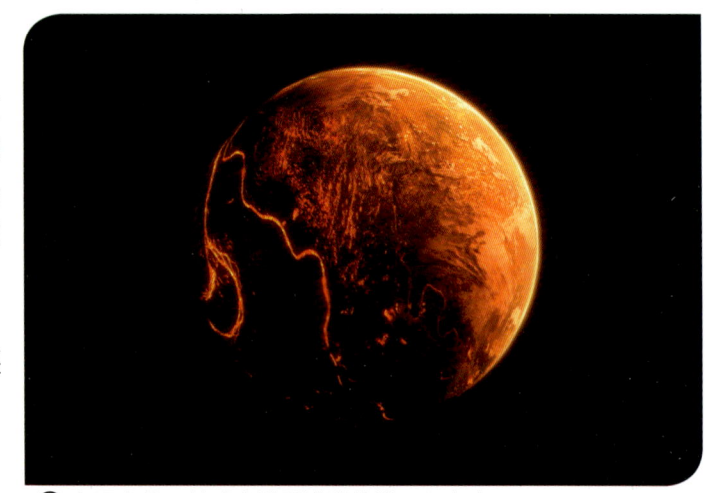

⊘ 在冥古代，地球上满是沸腾的岩石和火山。

古生代

这一时期包含5.41亿年前到2.51亿年前，这一时期地球不但有剧烈的地质变化，还有气候变化。现今地球上存在的许多生物体，比如鱼、两栖动物和节肢动物都在这一时期进化出现。这一时期又分为六个地质时期——寒武纪、奥陶纪、志留纪、泥盆纪、石炭纪和二叠纪。

⊘ 在古生代，鱼类、两栖动物和有壳生物在海洋中进化。

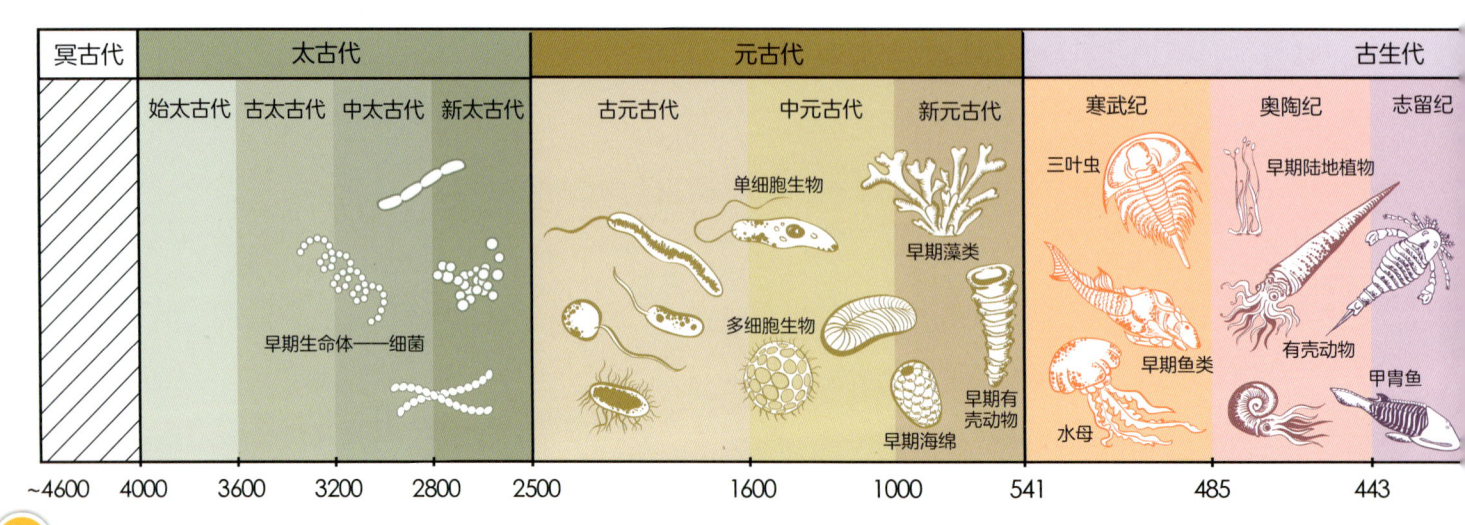

冥古代	太古代				元古代			古生代		
	始太古代	古太古代	中太古代	新太古代	古元古代	中元古代	新元古代	寒武纪	奥陶纪	志留纪
				早期生命体——细菌	单细胞生物 多细胞生物		早期藻类 早期有壳动物 早期海绵	三叶虫 水母 早期鱼类	早期陆地植物 有壳动物 甲胄鱼	
~4600 4000	3600	3200	2800	2500	1600	1000	541	485	443	

52

百科档案

地球历史中曾发生过五次大灭绝事件。

☉ 恐龙是中生代的统治者。

中生代

中生代持续了1.8亿年，从2.48亿年前到6500万年前。地球气候比现在温和，海平面较高，没有极地冰川。所有的大陆都是连接在一起的，形成了被称为"泛大陆"的超级大陆。这一时期又分为了三叠纪、侏罗纪和白垩纪。恐龙是中生代整个星球的霸主，但在白垩纪大灭绝事件中，几乎所有生物都灭绝了。

新生代

这一时期只持续了6500万年，从白垩纪后一直到现在。这一时期分为古近纪、新近纪和第四纪。开花植物和哺乳动物在这一时期出现并繁荣起来。

☉ 史前巨齿鲨是地球上曾出现过的最大的肉食动物。

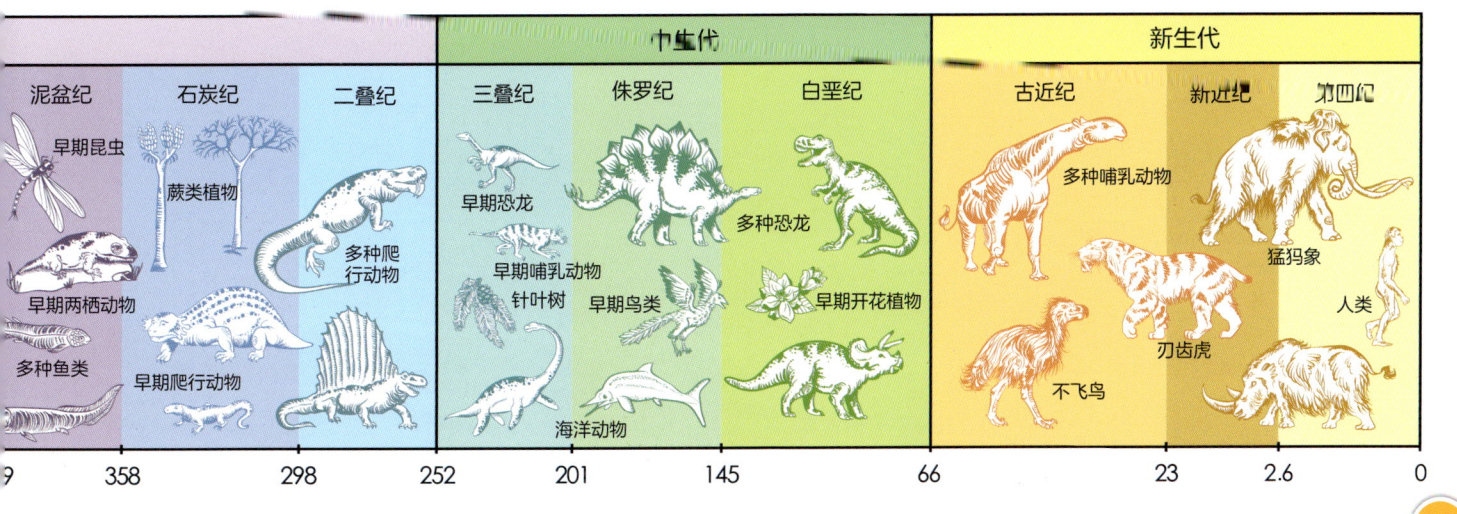

泥盆纪	石炭纪	二叠纪	三叠纪	侏罗纪	白垩纪	古近纪	新近纪	第四纪
早期昆虫 早期两栖动物 多种鱼类	蕨类植物 早期爬行动物	多种爬行动物	早期恐龙 早期哺乳动物 针叶树	多种恐龙 早期鸟类 海洋动物	早期开花植物	多种哺乳动物 不飞鸟	猛犸象 刃齿虎	人类

中生代 / 新生代

358　　298　　252　　201　　145　　66　　23　　2.6　　0

53

生命的起源

地球上生命形式的起源，与地表和大气的物理化学成分密切相关。人们认为生命最初起源于海洋。生物分子的出现为复杂生物的出现和繁衍奠定了基础。

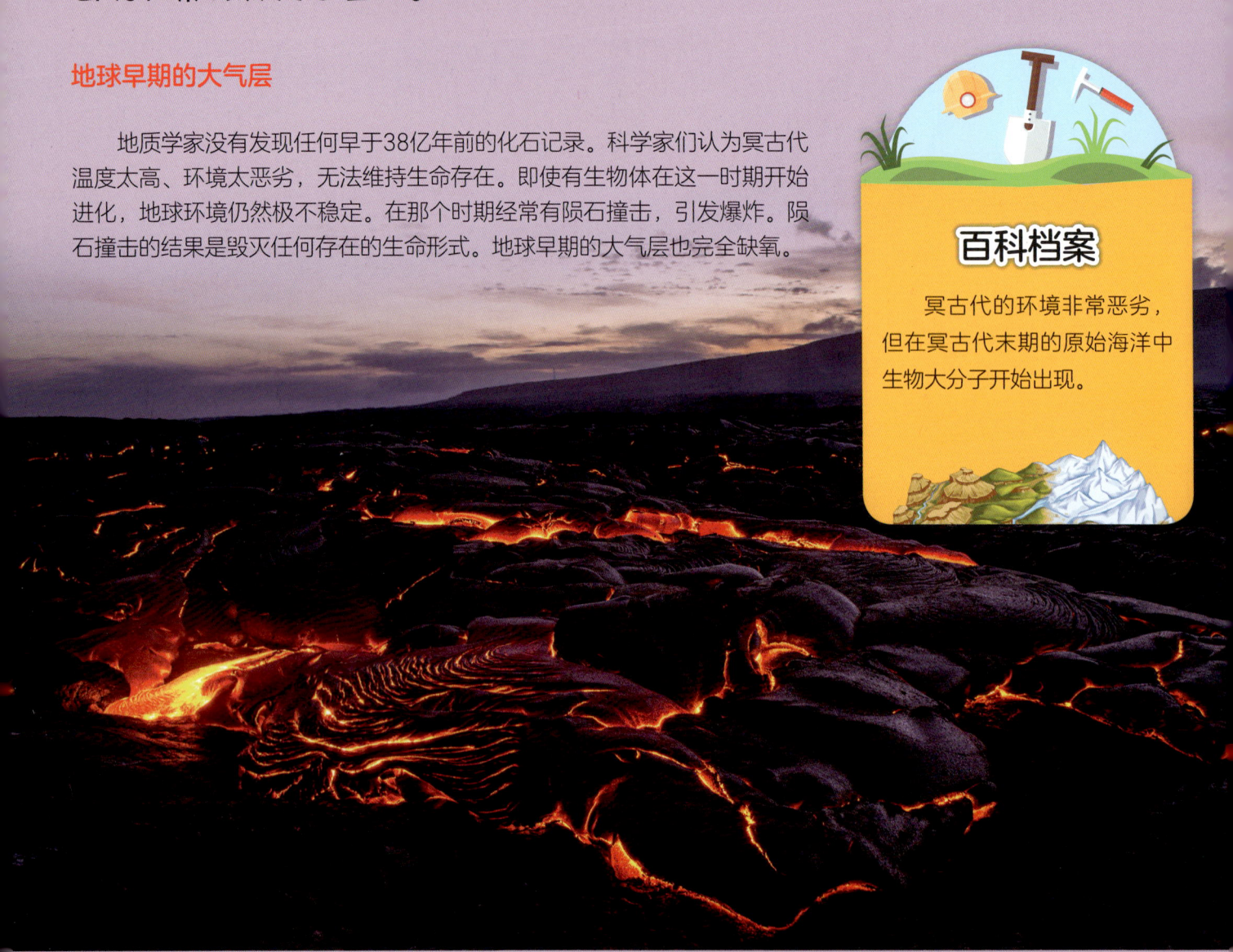

地球早期的大气层

地质学家没有发现任何早于38亿年前的化石记录。科学家们认为冥古代温度太高、环境太恶劣，无法维持生命存在。即使有生物体在这一时期开始进化，地球环境仍然极不稳定。在那个时期经常有陨石撞击，引发爆炸。陨石撞击的结果是毁灭任何存在的生命形式。地球早期的大气层也完全缺氧。

百科档案

冥古代的环境非常恶劣，但在冥古代末期的原始海洋中生物大分子开始出现。

氧气增加

蓝绿藻，又被称为蓝藻细菌，是第一种进行光合作用并提供氧气的生物。在地质史上，这又被称为大氧化事件。氧气丰富的大气为生物的进化和发展提供了有利环境。氧气在大气中的累积也同时逐渐去除了曾经丰富的甲烷。

蓝绿藻是已知的最早进行光合作用的生物。

◎ 最早的生物在热液喷口周围开始进化，它们是嗜热生物。

基本的生物分子

海底热泉

科学家们认为最早形成的生物是嗜热的或者超嗜热的。嗜热的意思就是喜欢高温。地质学家认为生命形式可能最早在海洋中的海底热泉周围开始进化。那时的海洋就是含有氢、二氧化碳和硅的原始"热汤"。这些化学物质和海底热泉产生的热量对生物的进化非常重要。

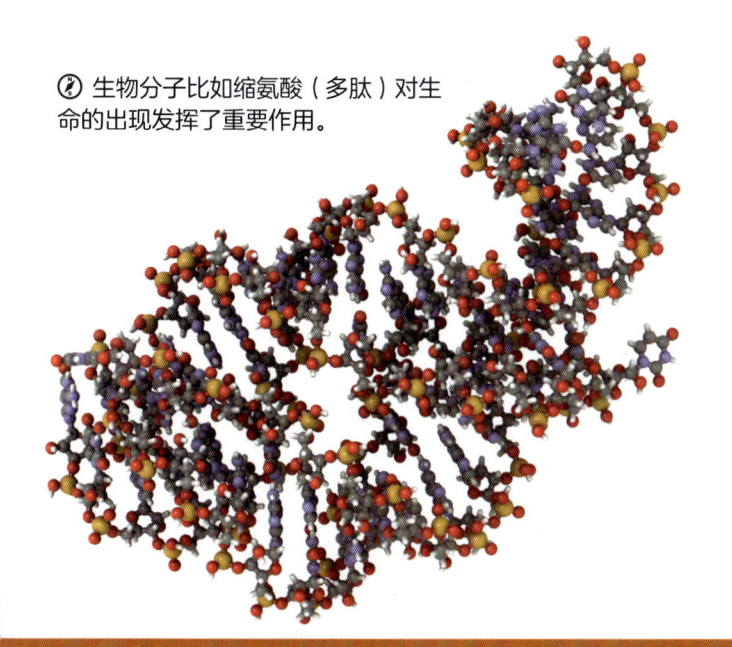

在适当的条件下，大气中的元素结合形成简单的生物分子，例如甲烷、氨、硫化氢、二氧化碳、水和磷酸盐。这些分子之间进一步互相作用又形成了氨基酸、缩氨酸（多肽）和核糖核酸片段。

一般来说，生物分子的进化分为三个阶段：

简单单体的出现，单原子或分子有可能结合形成复杂分子；

由缩氨酸、单糖和氨基酸等单分子结合而成的高分子的出现；

不同生物分子相互作用形成细胞。

科学家们还提出了一些有机生物分子的可能来源：

闪电放电和紫外线所提供的能量，促使生物分子得以合成；

撞击地球的陨石含碳丰富，从中释放出生物分子；

冲击震动促成有机体合成。

◎ 生物分子比如缩氨酸（多肽）对生命的出现发挥了重要作用。

地形

地形是指地球表面具有的鲜明形状或形态的特征。最常见的地形有平原、山地、丘陵和高原等。事实上，地形种类丰富多样。其他少见一点的地形包括山谷、峡谷和平顶孤峰等。

百科档案

世界最高的山峰是喜马拉雅山脉的珠穆朗玛峰，其海拔高达8848.86米。

地球早期的地形

平原：平坦辽阔、地势平缓的地区称为平原，常见于海岸附近或者内陆。平原是地球上最常见的地形，分布于各个大洲。

⚡ 大陆板块相撞时形成高大的山脉。

山脉和丘陵：山脉巍峨挺拔，地势高耸，屹立于周围环境中。丘陵比山脉规模小得多。27%左右的地球表面都是山脉。根据形成方式，山脉可以分为褶皱山、冠状山、火山和断层山。丘陵在山脉经过长时间的侵蚀后形成。冰川中的沉淀物经过数千年的沉积也可形成丘陵。

山谷：丘陵或者山脉之间的低洼地带称为山谷。山谷通常有河流或者溪流穿流而过。山谷的成因是冰川或者河流对地面的侵蚀，通常呈"U"形或者"V"形。由冰川侵蚀而成的河谷呈U形，由河流等水流侵蚀而成的山谷呈V形。

⚡ 平原地势平坦，是发展农业的理想之地。

高原：与山脉两侧陡峭的斜坡不同，高原是一片顶部地势平坦的高地。高原又称高平原或者台地。高原有不同的形成机制，包括冰川或者水流侵蚀山脉、熔岩或者岩浆上涌等。

⊙ 高原的特点是海拔高，顶部地区地势平坦。

峡谷：又称沟壑或山峡。峡谷是一种狭窄的深谷，谷坡陡峻。地球上最大的峡谷是亚利桑那州的大峡谷，长达447千米，深约1.8千米。太阳系中最大的峡谷是位于火星的水手号峡谷。

⊙ 亚利桑那州的大峡谷是著名的旅游景点。

扶壁：这是一种顶部平坦的大型岩石，呈塔状，岩体陡峭，通过侵蚀而形成，扶壁最初是高海拔地区即高原的一部分。河流中的水流穿过高原，逐渐将它们与原始的地形分隔开来，孤峰由此形成。

盆地：分布于海底或者陆地的洼陷或坳陷地区。太平洋盆地是世界最大也是最古老的盆地。据估计，这里的岩石年龄超过2亿年。太平洋盆地四周环绕着一片火山和地震活动频繁的区域——火环。盆地通常由侵蚀作用或者陨石撞击形成。

⊙ 扶壁是一种天然的大型岩石，形状像一座塔。

57

地形的自然形成

在风、阳光和水等各种力量的作用下，所有地形不断地发生自然变化。风化作用、土壤侵蚀和沉积是三种最常见的改变地形的自然过程。

风化作用

风化作用是一种地表岩石受极端温度或者水流影响的过程。风化作用可分为三种类型：物理风化、化学风化、生物风化。

⑦ 在水的长期作用下，岩石会被侵蚀，形成中空。

物理风化：岩石温度的任何变化都会导致岩石开裂，最终分解成碎块。导致岩石或者土壤表面开裂的过程称为剥蚀。靠近河流或者海洋的地区，水流不断冲击岩石，导致岩石风化。在寒冷地区，水渗入裂缝，冻结后体积增大，导致岩石开裂，这个过程称为冻融作用。物理风化在热荒漠和冷荒漠中很常见。热荒漠的岩石被太阳炙烤，而在山脉和苔原地区，水冻结膨胀致使岩石开裂。出现裂缝的岩石逐渐被分解为碎块。风化作用后是侵蚀作用，碎块随水流或者风而迁移。

⑦ 石灰岩上由于化学风化而形成的孔隙。

化学风化：雨水是化学风化的主要因素。它与各种岩石中的矿物发生反应，以粘土和可溶盐形式形成新的矿物。这些反应的发生要求水必须为酸性。温暖潮湿的气候是化学风化的理想条件。化学风化是导致岩石转化为土壤的重要过程。

水解和氧化是化学风化分解岩石的两个重要过程。化学风化导致不同地形的岩石形态呈现巨大差异。岩石不仅仅会崩解成碎块，还会发生化学变化。

⑦ 极端的冷热条件会导致岩石破裂。

生物风化：生物在风化过程中也发挥着重要作用。粗壮树木的根部深入地表之下，延伸到岩石裂缝中，随着时间的推移，岩石渐渐破裂。某些动物通过刮掉岩石颗粒或分泌化学物质钻入岩石中藏身。即使是微生物也能通过分泌某些化合物，浸入岩石层中的物质，以汲取其中养分。

百科档案

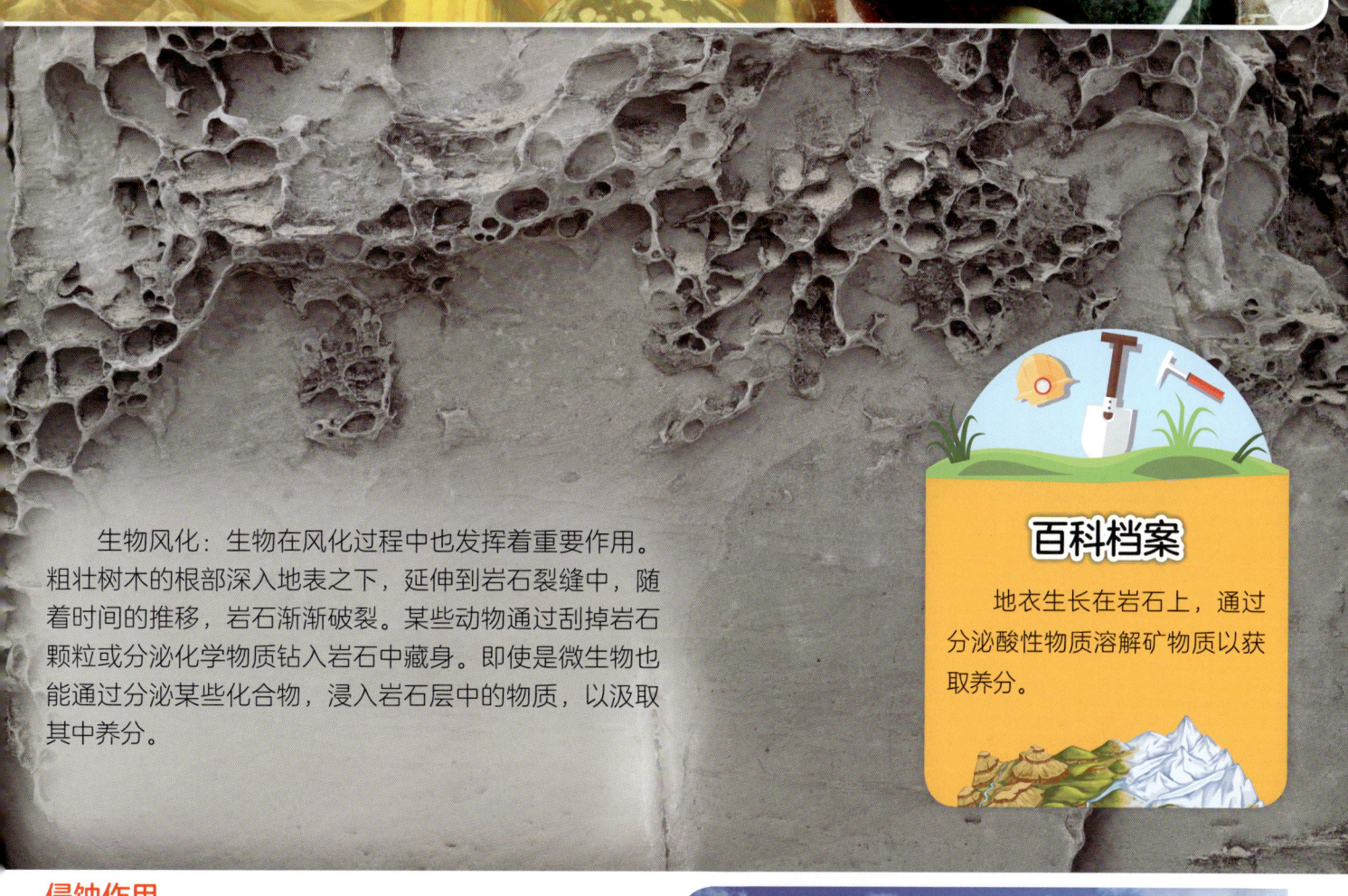

地衣生长在岩石上，通过分泌酸性物质溶解矿物质以获取养分。

侵蚀作用

侵蚀作用是岩石和土壤风化成碎块被搬运的过程。风和水是侵蚀的主要因素。流动的河流和雨水能够带走岩石碎块。强风能够将土壤和岩石颗粒携带到别处。滑坡将大块的岩石和土壤冲刷至山下。大量的岩石、泥沙和沉积物滚落下山的现象称为"坍落"。侵蚀是全球关注的问题，表层土壤流失后，土地就不再适合发展农业了。

水土流失是农民担忧的问题之一。

沉积

被流水带走的沉积物和岩石碎片最终堆积在某一地方，这一过程称为沉积作用。河流向下流动，导致沉积，形成河岸或三角洲。风也可以引起沉积作用。冰川和冰原的冰块中冻结有石块等物质。冰川消融时，冰块中的物质发生沉积，形成碛堤。

由河流搬运的沉淀物堆积在河流两岸。

59

地形与人类活动

地形的形态和大小各不相同，例如高地、梯田和平原。高地包括高山地区，平原则地势低洼，经常发生洪涝灾害。地形以及地下资源决定了人类活动的类型以及对于人类活动的影响是直接的还是间接的。

⊙ 利用山区的天然梯田进行梯田耕作。

工程建造

与住房、工厂和交通有关的一系列修建活动，引起了大规模的岩石开挖，而以斜坡和路堤的形式堆放材料，也大大改变了地形。

百科档案

从古埃及时代起，花岗岩就被开采用于建造活动。

⊙ 筑堤是为了将水涝灾害的破坏程度降到最低。

○ 大理石采石场使用大威力炸药进行爆破。

采矿业

采矿和采石是从地下开采用于建筑、制造燃料和其他用途的材料的方法。不同种类的岩石、矿物、金属、煤炭和宝石一直被开采了几个世纪，小型的矿区和采石场由人工开挖，大型的则使用炸药进行爆破。

虽然采矿的过程会导致污染、破坏景观，但它却是为人类供应原材料以满足不断增长的需求的重要活动。

开凿隧道

工程师和地质学家共同合作开凿隧道和通道。对岩体进行彻底的调查对于确定岩体是松散的还是坚硬的，以及是否适用于建设至关重要。任何岩体都由土壤和岩层组成。挖掘过程中的行为以及其对地表和周围环境的影响都要经过评估。

人类活动的影响

采矿、砍伐森林等活动是为了建造住房和发展工业，为不断增长的人口提供便利。这些活动对环境造成了巨大的负面影响，其中最显著的影响是水土流失。每年，仅用于建筑的土方就有近10亿吨。耕作和犁地等农业活动对土地的侵蚀是自然风化的数倍。

○ 隧道的建造需要开凿坚硬的岩层。

板块构造

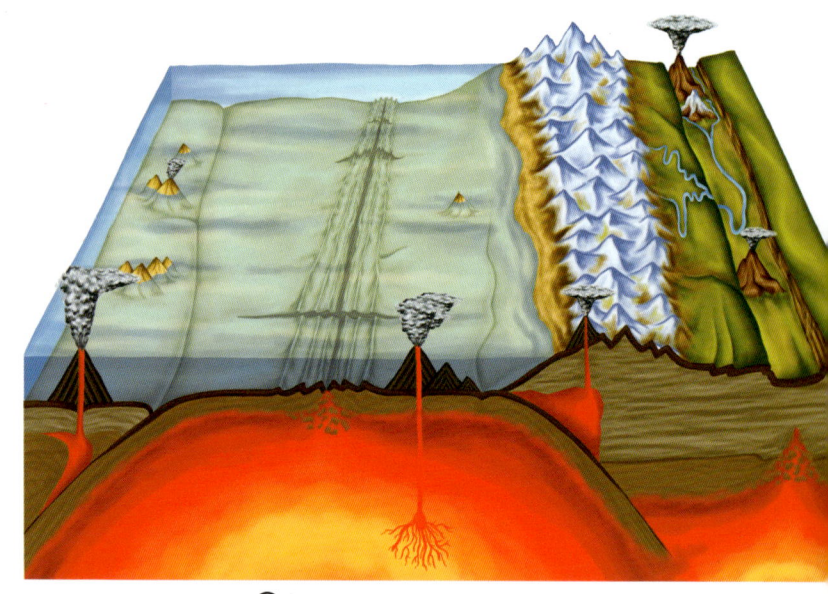

地球上的海洋和大陆位于地球最外层称为岩石圈的薄层中。地壳不是一个连续的圈层，而是由巨大的板块组成。这些板块又被称为构造板块，它们处于不断地运动之中。从最高的山脉一直到最深的海沟，板块构造形成了不同的地质结构。

◎ 地球最表面的薄层，即地壳，分布有陆地和海洋。

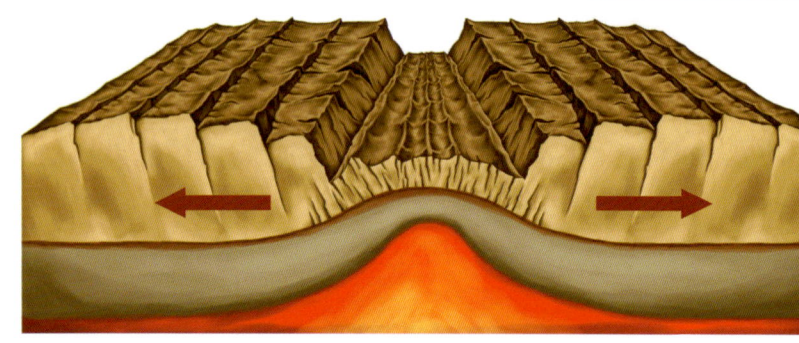

◎ 板块运动导致了各种重要的地质事件。

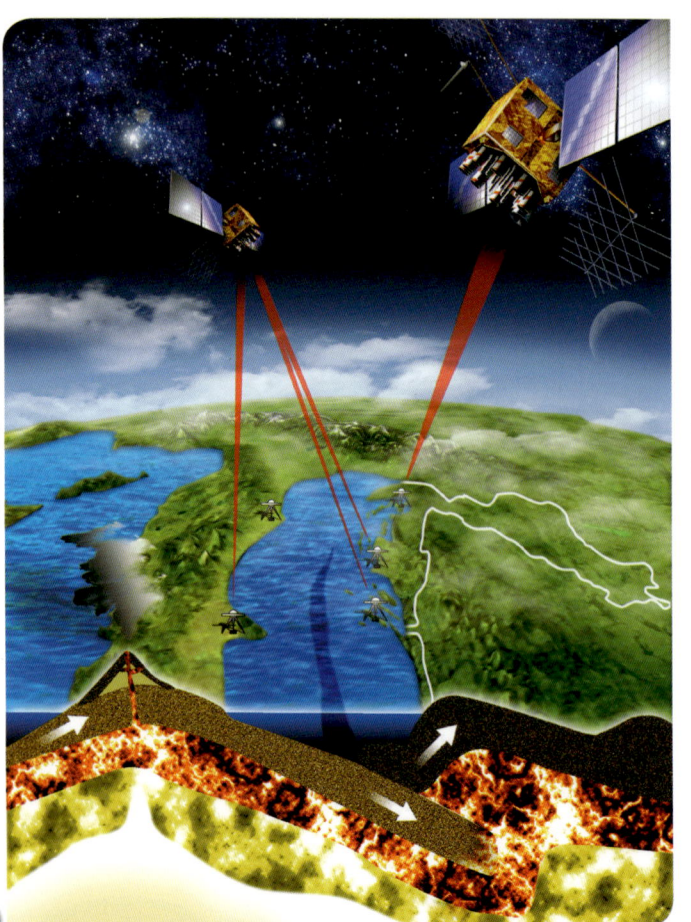

板块运动

地核能产生极高的热量，导致地幔中熔化的岩石移动。通过一种称为热对流的现象，地心的热量从地幔传导至表层的地壳。这种对流导致板块在大洋中脊处被挤压并分离，构造板块之间形成间隔。通常，炽热的岩浆在海脊处聚集，导致新形成的海洋地壳将板块推开。

板块构造是早期大陆漂移说的现代版本。在板块构造理论被广泛接受前，地质学家很难解释为什么陆地的某一特定区域会表现出独特的地质特征。

有很多证据证明板块构造理论。组成地壳的大型板块可以像一块粗糙的拼图一样拼合起来。化石的分布、磁条带的存在和直接的激光测量为地壳运动提供了确凿的证据。

◎ 利用卫星进行的测量为板块构造理论提供了证据。

百科档案

5500万年前，印度板块和亚洲板块相互碰撞形成了喜马拉雅山脉。

大板块和小板块

地球由八大板块组成，分别根据各自所在的地形或者陆地命名。它们是北美洲、南美洲、太平洋、欧亚大陆、非洲、澳洲、印度和南极洲。在这些大型板块中，太平洋板块面积最大，并且大部分都位于海洋之下。板块每年以5～7厘米左右的速度移动。虽然这个运动看起来微不足道，但是经过数百万年后，它对陆地的地质和演变产生了重大影响。此外，全球还有其他几个小型板块。

板块边界

板块边界有三种主要类型。它们分别是：

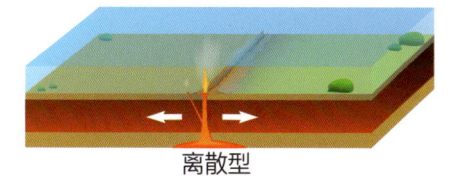

离散型

在离散型边界，两个板块相互分离形成大陆裂谷带或海底扩张脊。

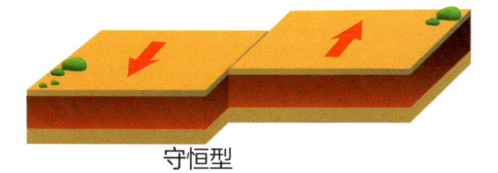

守恒型

守恒型边界的特点是板块之间相互剪切滑动，水平错开。

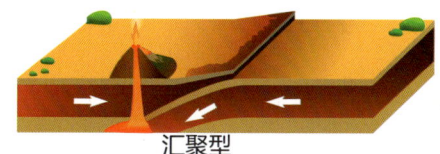

汇聚型

汇聚型边界或者俯冲带是一种引起地壳向下移动和滑动的板块边界。

复原过去的地球

地球现有45亿年的历史。但由于大部分的海洋地壳不断地循环再造，最古老的海床历史还不到2亿年。相比之下，大陆地壳古老得多，大型地质构造的历史超过了30亿年。据估计，板块构造开始于30亿～35亿年前。

在地球历史的不同时间点，各个板块汇聚形成了一块完整的超级陆地。最早的超大陆被称为罗迪尼亚，距今10亿年左右。大约2.3亿年前，一块称为泛大陆的超大陆形成。

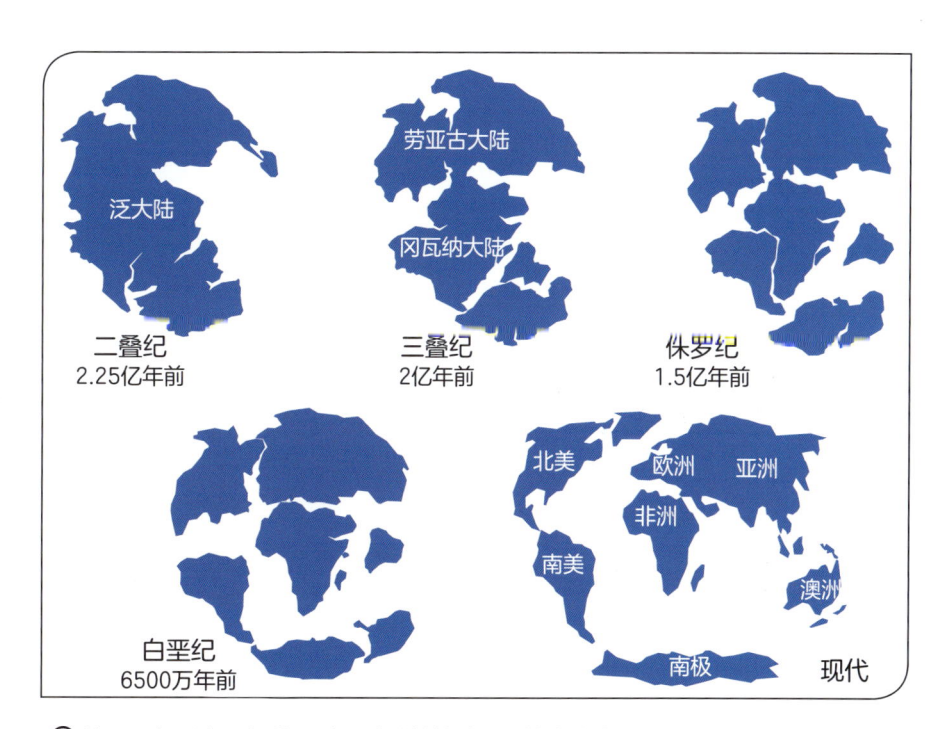

泛大陆
二叠纪
2.25亿年前

劳亚古大陆
冈瓦纳大陆
三叠纪
2亿年前

侏罗纪
1.5亿年前

白垩纪
6500万年前

北美 欧洲 亚洲
非洲
南美
澳洲
南极
现代

数百万年以来，板块运动导致陆地地貌不断地发生变化。

地质灾害

地壳板块的运动和局部地区的热量积聚导致了各种地质灾害。最严重的灾害包括地震、火山爆发、滑坡和海啸等。每年这些灾害都会造成生命或财产损失，导致成千上万人流离失所。

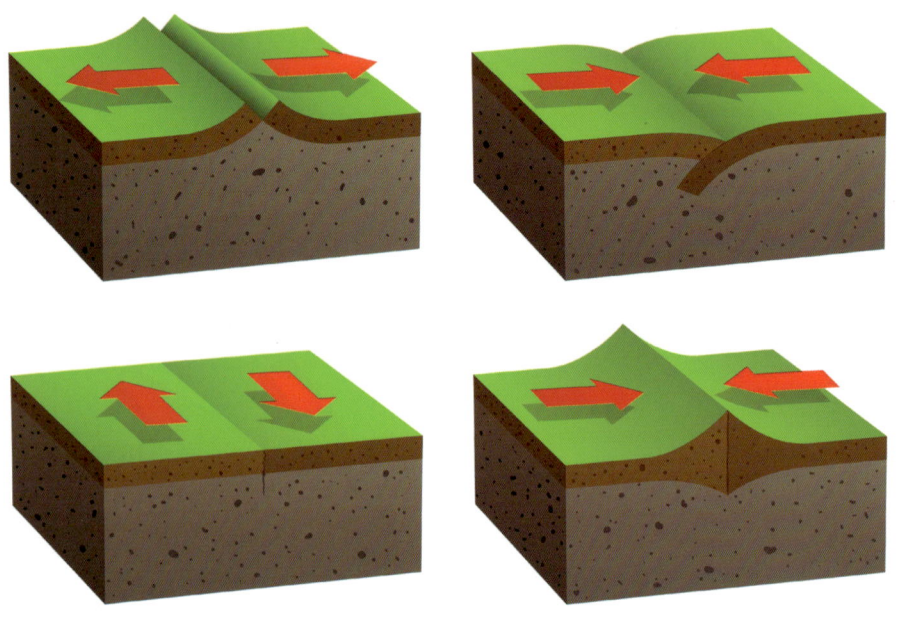

地球灾害是如何发生的？

当在地幔上缓慢滑动的板块在另一个板块下滑动时，板块之间相互摩擦，产生巨大的应力和热量。位于下方板块的岩石熔化膨胀，导致岩浆上涌，引起火山喷发。沿断层地带发生的板块运动会导致地震。

各种各样的构造板块运动是地震的原因。

灾害类型

地震：板块沿着断层运动时会引发地震。其特点是地面晃动，地表和建筑物开裂严重。地震的破坏程度主要取决于其强度。

滑坡：通常由地震引起，造成岩石崩塌，大块山体滑落。

火山爆发：活火山能喷出岩浆。岩浆可从火山口迅速涌出或者随着爆炸喷出。火山喷发还伴随着有毒气体的释放。

海啸：发生在深海的强烈地震可以引发海啸。其典型特征是比正常海浪高好几倍的巨大海浪。

地震通常会引发山体滑坡，导致松散的岩石和土壤崩塌。

所有的地质灾害都会造成大面积影响。地震可以对数百万平方千米内的范围造成破坏。海啸也可以影响其发育地点数千千米开外的地区。

🄐 火山喷出岩浆和火山灰，造成严重的生命和财产损失。

百科档案

环绕太平洋的一片特殊地带以频繁的火山活动和地震闻名，这片地带被称为"火环"。

地质灾害的影响

地质灾害最直接的后果是生命和财产损失。在21世纪，仅地震就造成数百万人丧生。地震、火山爆发和海啸所造成的损失总和高达数十亿美元。

相比于可以提前数天预测的风暴或水涝灾害，地质灾害通常事发突然且迅速，很难准确预测，即使能够监测到预兆，人类也几乎无法阻止其发生。就连火山的突然喷发，除了活动更加频繁之外，也没有任何明显征兆。在圣海伦火山和圣安德烈亚斯断层等地区都安装有监测仪器，用来发现火山可能喷发的迹象。海啸通常要传播很长的距离才能到达特定海岸，有时可以为人们提供充足的时间反应来减少损失。然而，它们仍然有可能毫无征兆或毫无迹象地袭击另一个海岸。

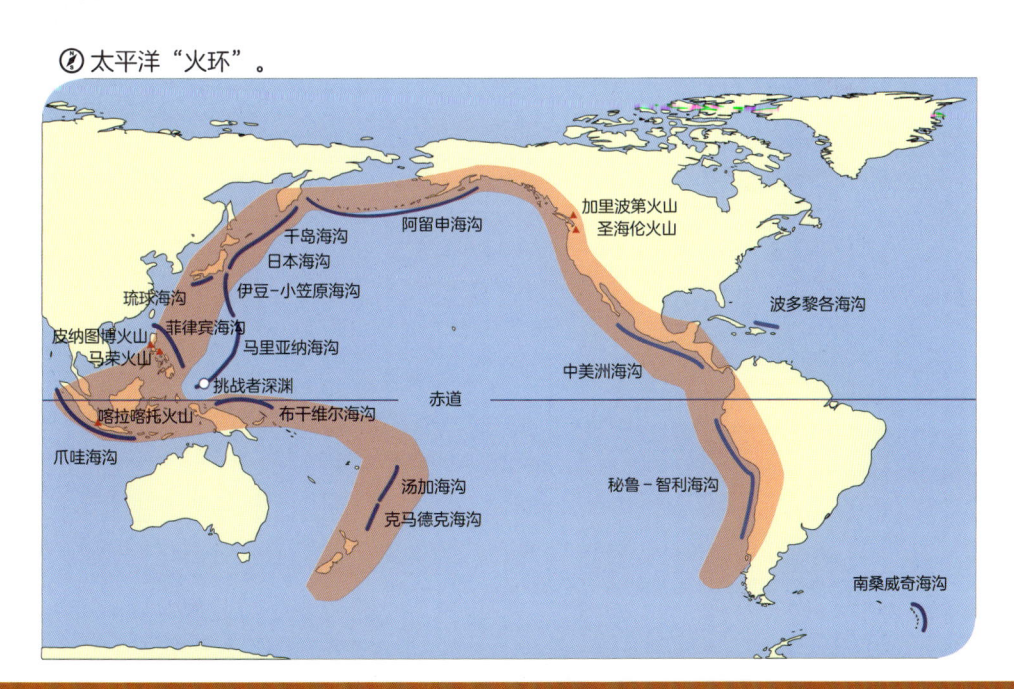

🄐 太平洋"火环"。

地震

造成生命和财产损失的极端自然事件被称为自然灾害。自然灾害发生时，会大范围地干扰人类活动。地震、火山喷发、滑坡、海啸和热带风暴是最常见的几种自然灾害。

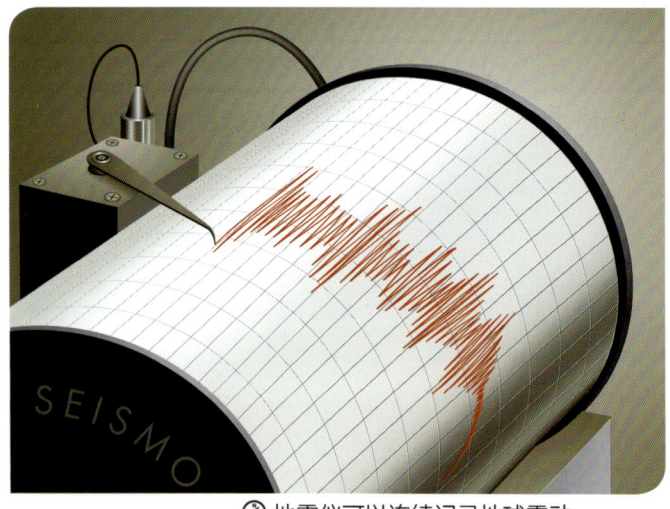

⊙ 地震仪可以连续记录地球震动。

地震强度

并不是所有地震都是危险的。事实上，有些地震人们根本感知不到，只能通过高灵敏度的监测仪器"地震仪"记录下来。地震仪可将地震波绘制成图线。

里氏震级是一种科学测量和比较地震强度的标度。里氏震级采用对数计算的方式，所以每个数字都代表10的因子。例如，根据里氏震级，3级地震的强度是2级地震强度的十倍。强震震级一般等于或大于里氏6级。迄今为止，有历史记录的最强地震是1960年智利发生的里氏9.5级大地震。

地震

地震常发生于地壳板块突然移动时，这时会产生强烈的震感。地震的成因是地壳内部突然释放能量，这种能量的释放形式被称为"地震波"。研究地震的学科称为地震学。通常，地震学家试图确定地震的精确位置、强度、类型、原因和影响。

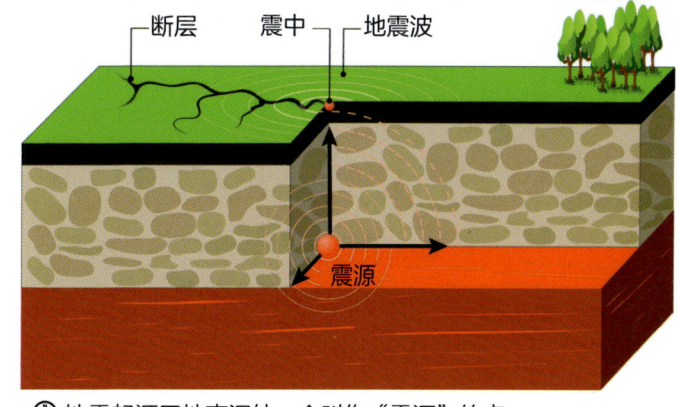

地震起源于地壳深处一个叫作"震源"的点。

成因

板块运动时，地壳发生摇晃和震动而引发地震。因此地震通常发生在板块边界。地壳板块之间不能顺畅地滑动，当它们被卡住时，会形成巨大的压力，最终以地震的形式将其释放。

地壳内部释放压力的源点称为震源。震源之上的地表为震中，这里的地震波强度最大，随着传播范围的扩大其强度不断减弱。震中以及周边地区遭受的破坏最为严重。

液化现象

当强烈的地震发生时，松散的土壤变得像流沙一样，这叫作"液化"。建筑物建造在坚实的地基上。但是地基下方是松散的沙质土壤以及水。只有地震发生时才能观测到"液化"所产生的影响。

建筑物倒塌、下陷，地基被破坏，地面出现长长的裂缝。这种现象甚至可能导致污水喷出地表或破坏燃气管道。

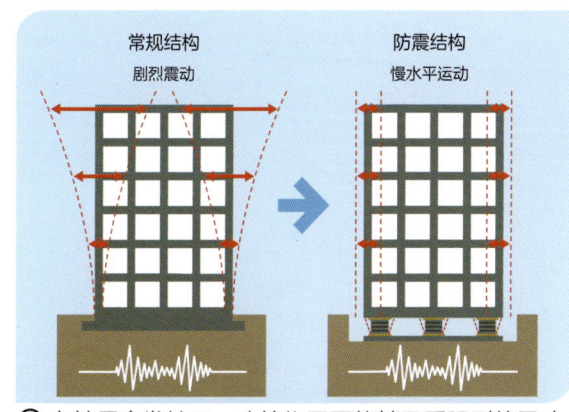

在地震多发地区，建筑物需要能够承受强烈的震动。

百科档案

微震其实经常发生，只是其震级低于里氏2.0级，我们无法感觉到。

海啸

海啸或潮汐波是大量海水涌向海岸的现象。海啸成因包括海底火山爆发、滑坡、陨石撞击或地震等。当海底发生里氏7.5级或更大的地震时，可能会引发海啸。

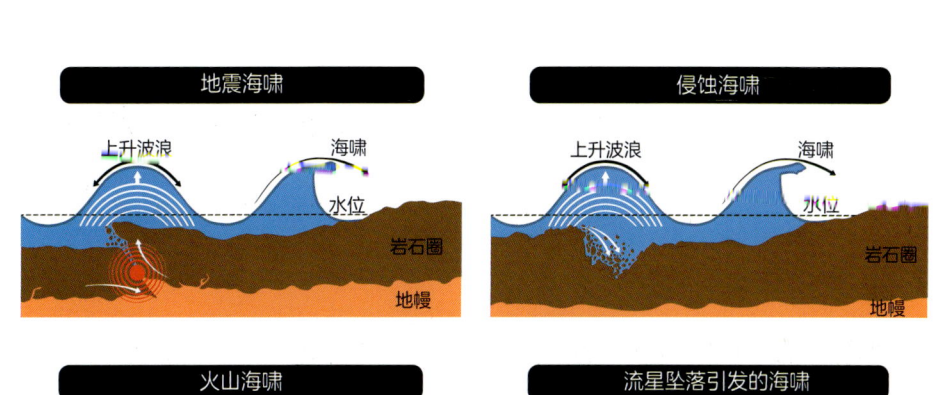

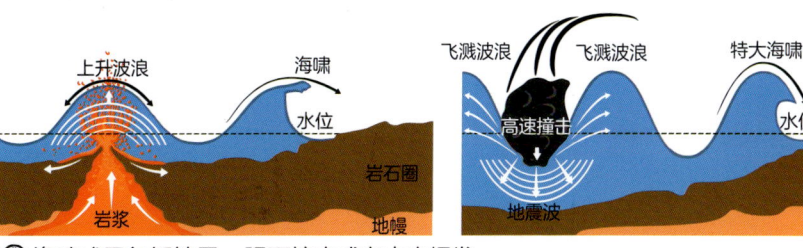

海啸成因包括地震、陨石撞击或者火山爆发。

67

火山爆发

地壳下的岩浆被迫上升至地表，在那里以熔岩和火山灰流的形式喷发形成火山。虽然火山爆发的直接影响具有较强的破坏性，但从长远来看，这是有益的。火山主要形成于离散型和汇聚型板块边界处。

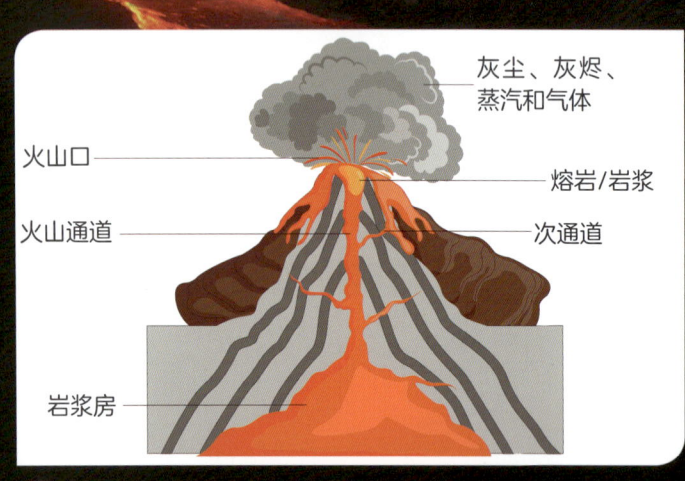

② 熔岩随着时间的推移而凝固，变成肥沃的土壤。

（图示标注：灰尘、灰烬、蒸汽和气体；火山口；火山通道；岩浆房；熔岩/岩浆；次通道）

② 火山以熔岩的形式从地球深处喷出岩浆。

火山构造

火山通常是锥形的山脉或小山，深入地壳之下形成岩浆房。溢出地表的岩浆称为熔岩。熔岩从主通道（称为火山筒）溢出，在某些情况下通过几个管道分支溢出。火山喷发后，火山顶部形成火山口。

超级火山

超级火山是指能够引起极大规模喷发的火山，通常喷发出的火山物质在1000立方千米以上，而大多数火山喷发出的火山物质仅为1立方千米左右。超级火山的爆发会形成巨大的坍塌，称为破火山口。

超级火山十分罕见，相隔几十万年才会出现。美国黄石公园就是超级火山的一个例子。在过去的300万年里，发生了三次超级爆发。最后一次大规模喷发是在64万年前。超级火山的爆发可能会给全球带来灾难性的影响。

火山带

环太平洋海域经常发生地震和火山爆发，被称为"环太平洋火山带"。这里分布有一系列火山带，板块运动和地震活动频繁。日本位于环太平洋火山地震带的西缘，该区域被认为是地球上地壳构造最活跃的地区。

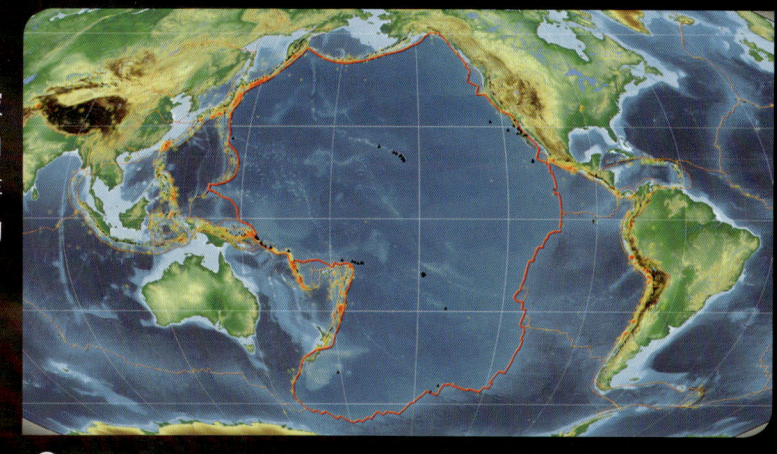

"火山带"是一片火山活动频繁和地震频发的地区。

火山类型

根据活跃情况，火山可以分为活火山、休眠火山和死火山。活火山经常发生喷发，而休眠火山长期以来没有发生喷发。死火山曾经活动频繁，但如今不再表现出任何火山活动迹象。根据物理构造，火山还可以分为以下四种类型：

层火山：也被称为复合火山，这种类型的火山有一个陡峭的边锥，是由火山熔岩的反复流动和火山灰的沉积形成的。复合火山通常爆发猛烈。

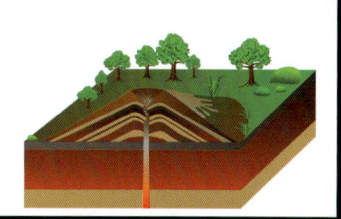

穹状火山：穹状火山的形成是因为黏性较大的熔岩无法长距离流动。熔岩在喷发口处堆积，从而形成穹状外形。

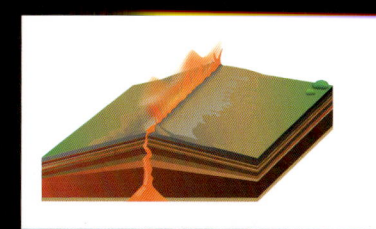

裂缝喷发火山：裂缝喷发火山通常不会剧烈喷发，其裂缝可延伸至地下几千米处。

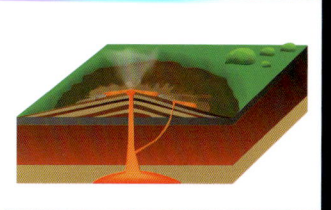

盾形火山：盾形火山因形似盾牌而得名。其表面平坦且坡度小。虽然经常爆发，但岩浆喷发平缓。

百科档案

黑曜石为黑色的玻璃状岩石，不经结晶在岩浆急速冷却中形成。

地球资源

除了植被、水和土壤之外，地球还蕴含着其他的丰富资源，为建筑、能源生产和工业提供了重要材料。其中尤为重要的资源包括化石燃料、岩石、矿产和金属。随着人口的不断增加，人类对资源的需求日益增长。

化石燃料

煤炭、原油和天然气等化石燃料对家庭、工业和现代交通来说至关重要。它们是生物残骸在无氧的情况下由生物分解而成的。在石炭纪时期，沼泽周围的树木和植被沉积在厚厚的淤泥中，形成了一种海绵般的物质，称为泥炭。泥炭被沉积了数百万年的泥沙和粘土覆盖。含有这些物质的地层转变成沉积岩。沉积层中的压力使泥炭转变成煤。煤有三种类型——无烟煤、烟煤和褐煤。煤通过开采获得。

原油由动物遗骸形成，通过分馏可生产石油、柴油和煤油。天然气是多种气体的混合物，大部分是甲烷。天然气页岩储存着丰富的天然气。

② 原油和石油是珍贵的资源，开采之前储存在地下。

矿物质

各种各样的矿物质被开采用于商业和工业目的。许多种类的矿物光彩诱人，被称为宝石和半宝石，用于设计珠宝和制作手工艺品。矿物质也是生态系统的重要组成部分。钾、磷酸盐、锌和石膏在农业中被用作肥料。铀和钚等放射性矿物用于发电。许多种类的矿物用于建筑业。

◎ 矿物被开采后，经过加工制成漂亮的宝石。

金属和矿石

金属大多是坚硬、有光泽和不透明的固体，通常与其他元素结合形成矿石。铁、铜、银和金是一些最常用的金属。通过不同的过程，人们可以从矿石中提取金属。在极少数的情况下，金属也会以单质的状态出现，比如黄金。

◎ 黄金以"金块"的形式出现，十分珍贵。

岩石

某些种类的岩石用于建筑和施工，包括玄武岩、花岗岩、砂岩、板岩、大理石和石英岩。花岗岩十分耐用，易抛光，可用于建造桥梁、墙体和大坝。板岩可以切割成两个平行的平面，用于铺设屋顶瓦、混凝土路面。含硅砂岩用于砌筑大坝、桥梁和河堤。大理石呈现不同的颜色，这取决于其中的杂质。大理石最常用于铺设室内地板。石英岩用于制造建筑砌块和混凝土板，还可以作为混凝土骨料。

百科档案

由于金属矿床是一种有限的资源，所以提倡通过回收废旧金属提炼可供人类使用的材料。

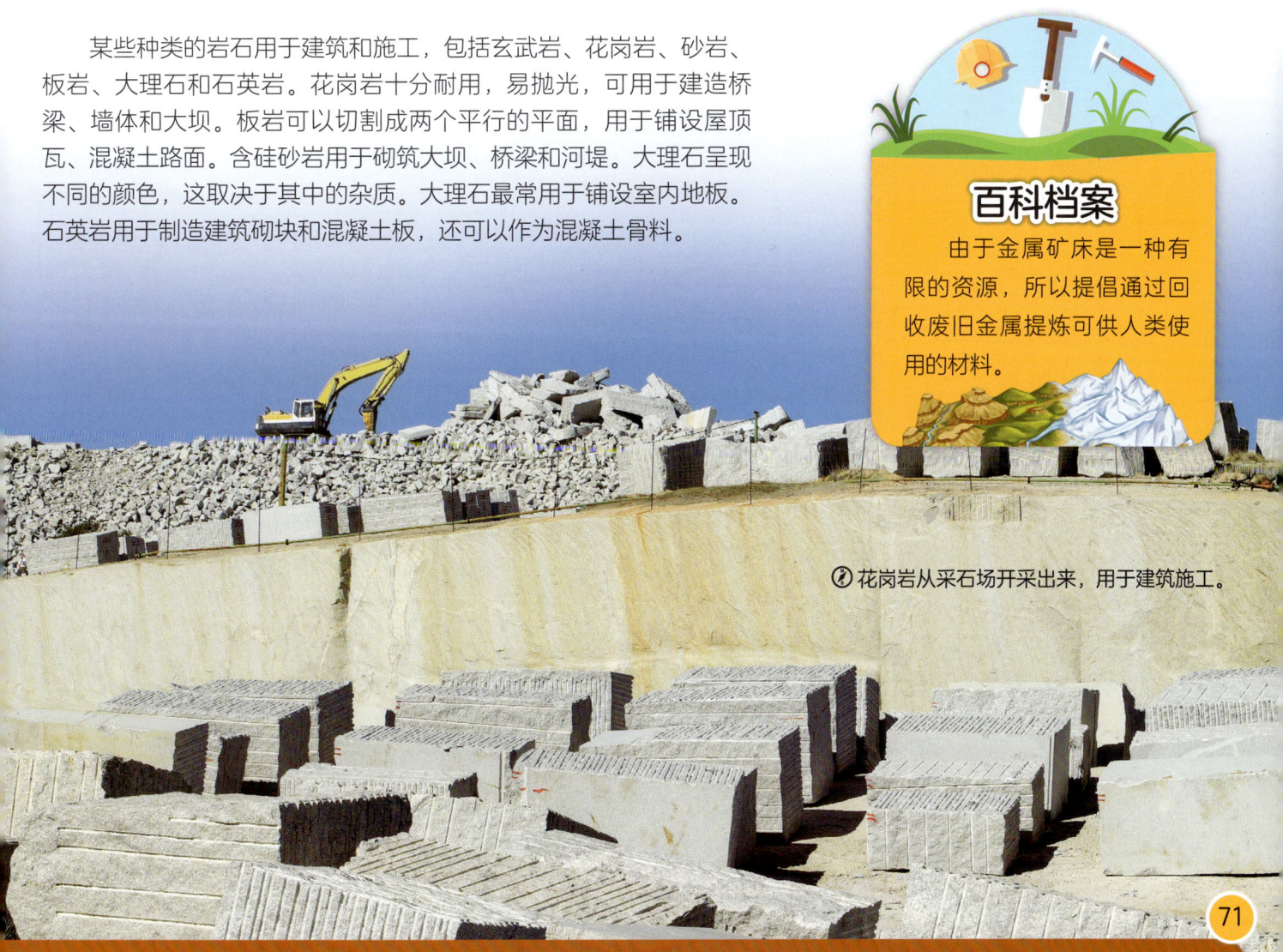

◎ 花岗岩从采石场开采出来，用于建筑施工。

71

地质技术

地质学涉及不同学科和应用领域。地质学家开发了许多技术来达到不同的目的。这些技术对建筑、采矿、石油勘探和调查研究具有重要意义。

石油勘探

由于原油是一种珍贵的资源，地质学家利用测绘和地球物理勘探技术等特殊技术寻找新的油田。分析地图、剖面图和震测探勘是识别油田的几种方法。石油和天然气的成分是由烃类化合物组成的混合物。油气聚集在烃源层并向储集岩运移。这种运移取决于岩石的孔隙度和渗透率。分析地图和地层横截面有助于地质学家确定理想的钻探地点。

地质研究

地质测绘用于研究地质结构。地形图用等高线的形式表示地形结构和高程。这些地形图在施工、建筑、研究地球科学和采矿等方面十分有用。

探地雷达（GPR）用于研究基岩、冰、土壤和地下水，还用于探测体积较大的珍贵金属，比如黄金，或者在砾石层中寻找钻石。

百科档案

碳-14常用于放射性碳定年法中，其半衰期为5730年。

GPR用于研究冰原，寻找有用的矿物和矿石。

放射性碳定年法

放射性碳定年法也被称为辐射定年法，它有助于确定岩石和化石等物质的年龄。岩石由不同的元素组成，其中一些元素本身性质不稳定，随着时间的推移，这些元素通过一种称为放射性衰变的过程衰变为其他元素。通过掌握不同放射性同位素的半衰期，人们可以在一定程度上准确预测岩石和化石的年龄。同位素以一种称为"半衰期"的恒定速率衰变，这个特征用于测定地球和各种样本的年龄。

显微镜用于分析岩石样本。

地层学

地层学是地质学其中的一个领域，研究对象为岩层或成层岩石。地层学对于研究沉积岩和火山岩十分有用，还可以帮助地质学家研究岩石形成的初始环境以及不同岩层之间的关系。根据叠加原理，最古老的岩层位于底部，相对较新的岩层则堆积于其上。化石的存在有助于研究进化。

岩石学

岩石学家利用化学图表和显微镜研究岩石的组成和结构。岩石学在"录井"石油勘探中尤其有用，可用来获得不同岩石层的图表信息。钻孔时，技术人员在不同岩层的接合处刮取样本进行研究，并进行化学分析。

专家们通过分析岩石和化石收集有用的信息。

植物

植物是多细胞生物，具有自养能力。它们为地球上其他生命形式的存在提供了基础——氧气和食物，使其他不能自己生产食物的生物能够在地球上生存。

植物的进化

地球上的植物超过40万种，显示了惊人的多样性。除了极寒的南极外，植物已经适应了其他所有的环境。我们赖以生存的肥沃的陆地环境也是由植物创造的。

植物已经进化了数亿年，随着时间的推移，植物种群越来越复杂丰富。据研究，水上漂浮的藻类是地球上出现的第一种植物，大约形成于12亿年前。能进行光合作用的高等植物被认为至少在10亿年前就已经出现。不结种子或果实的苔藓植物和裸子植物是最早在地球上繁衍生息的植物类型。

二叠纪大灭绝事件大约发生在2.5亿年前，导致了一些陆地和水生物种的灭绝。然而，大多数植物都完好无损地存活了下来。在这次事件之后，开花植物和被子植物开始进化，并在不同的环境中茁壮生长。

草本植物被认为是最新演化出的植物类群，数量庞大，距今约4000万年。草本植物能够生存在二氧化碳含量低和温暖干燥的环境中。

时间：常见的绿藻祖先 → 轮藻（胚胎保护）→ 苔纲（顶端生长）→ 苔藓和角蒿（维管组织）→ 苔藓 → 蕨类植物（大叶植物）→ 裸子植物（种子）→ 开花植物（花/双受精/胚乳/果实）

从最简单的藻类开始，植物已经进化了数亿年。

植物作为生产者

植物是多细胞生物，可以吸收阳光，再以糖的形式制造食物。糖类为植物的生长和繁殖提供能量。作为草食动物重要的食物来源，糖类对于支持复杂的食物网运作发挥了重要作用。几千年来，人们有选择地培育和优化了能够生产蔬菜、水果和谷类的植物作为食物。

与其他生物的关系

虽然植物能够进行自养，但它们要依靠其他生物传播花粉。传粉是把花朵上的花粉传播到别的花朵上进行繁殖的过程。植物通过风、水、昆虫、鸟类和其他动物来传粉。

☻ 人工选择和培育植物新品种。

植物也与真菌共生。真菌帮助植物从土壤中吸收水分和矿物质，而植物通过光合作用为真菌提供糖分。植物也可能是寄主。比如槲寄生虽然拥有可以进行光合作用的叶子，但它却从宿主那里汲取营养。其他植物比如石芥花和列当等无法进行光合作用，所以要完全依赖其他植物为它们提供营养。

☻ 昆虫，尤其是蜜蜂，在传粉过程中扮演着重要角色。

☻ 列当是一种无法进行光合作用的植物。

有小部分植物（大约630种）是食肉植物。其中最有名的是捕蝇草。它们可以捕食昆虫。昆虫被消化后可以为它提供氮、磷和其他营养物质。而其他植物很难从其生长的土壤中获取这些养分。

百科档案

猪笼草所产生的一种甜糖浆，能够吸引昆虫、鸟类和小型啮齿动物。

75

植物细胞

植物是多细胞真核生物。它们由数百万个拥有细胞器和清晰细胞核的细胞组成。植物细胞与动物细胞存在各方面的差异。其中细胞壁是植物细胞最重要的特征，它能够保持植物坚挺，对植物起支撑作用。

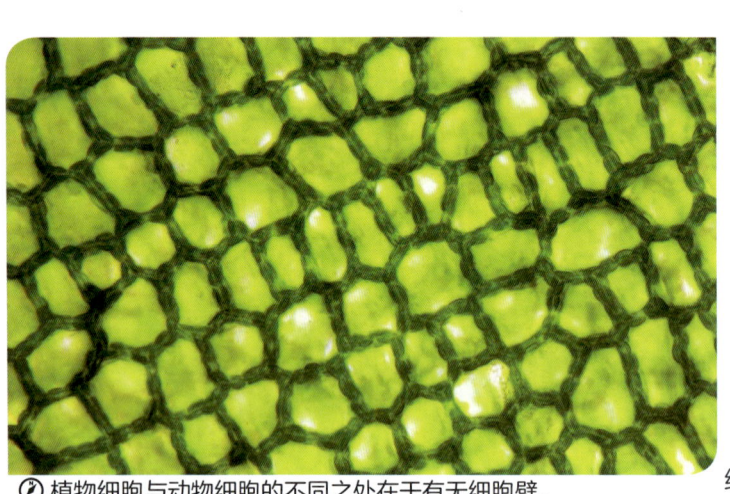

🔹 植物细胞与动物细胞的不同之处在于有无细胞壁。

细胞器

细胞核：植物细胞拥有清晰的细胞核，里面储存着遗传物质DNA。细胞核调节着所有的新陈代谢过程，比如细胞分裂和生长等。

细胞壁：位于细胞膜外，为细胞提供保护。细胞壁由纤维素和木质素组成。除了作为一个结构框架外，细胞壁还可以限制进入细胞的水量，防止细胞器破裂或损坏。细胞壁是植物细胞区别于动物细胞的特征。

液泡：植物细胞拥有一个或者多个大液泡，作为储存囊泡。动物细胞中还没有发现液泡的存在。液泡外围包裹着一层液泡膜，内部储存有溶解的物质和水。液泡有助于保持细胞内部的压力，以平衡来自细胞壁的压力，从而维持细胞形态，对细胞起支撑作用。

核糖体：可游离于细胞质或附着在内质网上。核糖体的主要作用是合成蛋白质。

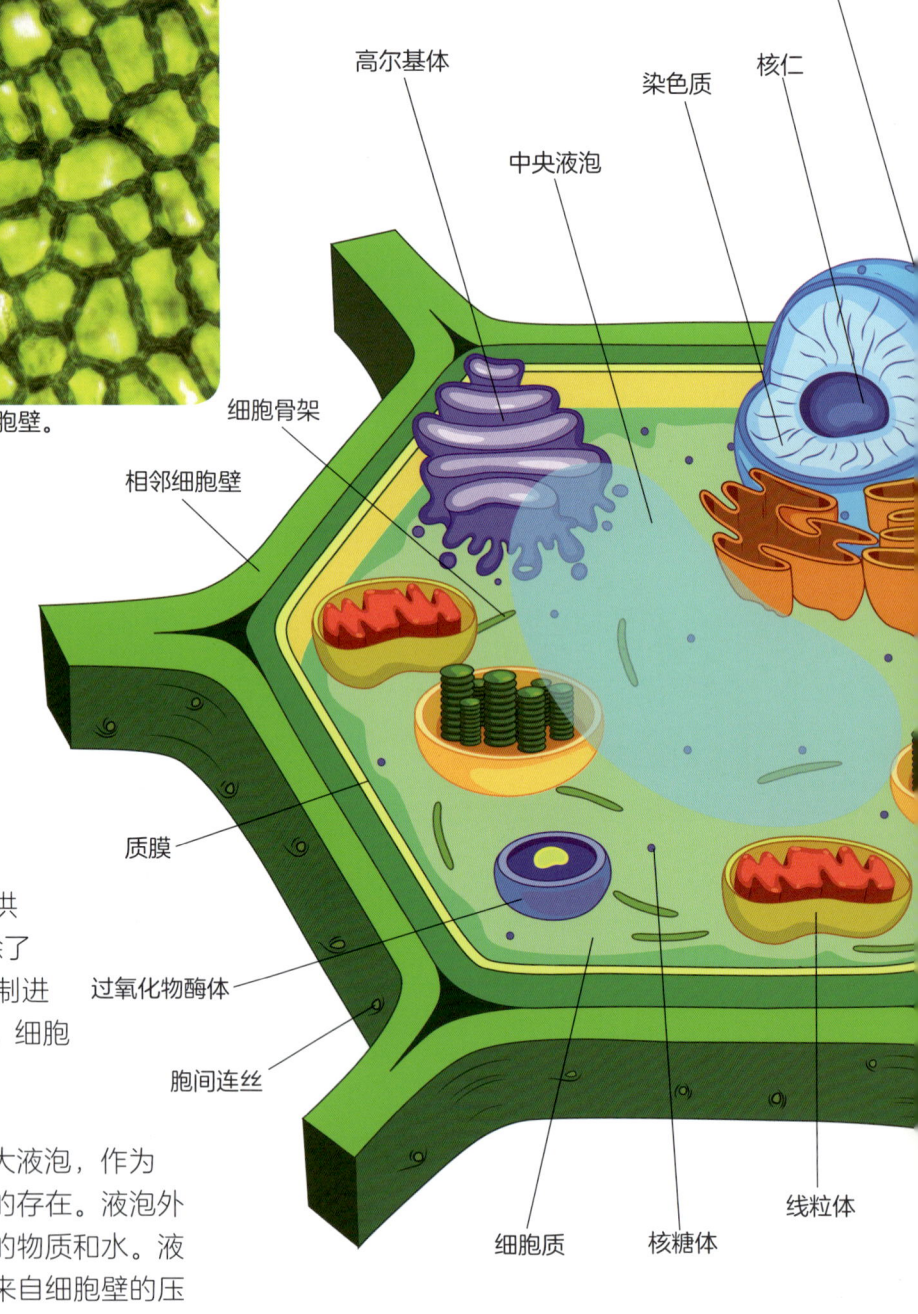

细胞核、高尔基体、染色质、核仁、中央液泡、细胞骨架、相邻细胞壁、质膜、过氧化物酶体、胞间连丝、细胞质、核糖体、线粒体

🔹 植物细胞由不同的细胞器组成，包括突出的液泡。

线粒体：通过分解糖类来产生能量，被称为"细胞的动力车间"。

内质网：一个由囊状结构相互连接而成的网膜系统，在细胞核和细胞质之间起连接作用。内质网可以制造、储存和运输蛋白质分子。

高尔基体：它的主要功能是对蛋白质、脂质进行适当的加工和包装，再将蛋白质和脂质运送到细胞内的特定部位或细胞外。

叶绿体：它们是含有绿色色素"叶绿素"的细胞器，用于进行光合作用。除了叶绿体外，有些植物还具有"成色素细胞"。这些细胞含有色素，使植物呈现出不同的颜色，如黄色、紫色或橙色等。

过氧化物酶体：含有将脂肪酸分解成单糖所必需的氧化酶。

百科档案

梨爽脆的口感源于称为"石细胞"的厚壁组织细胞。

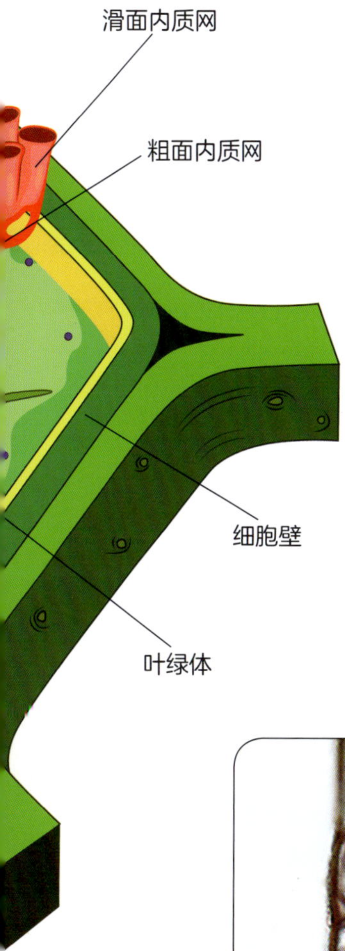

植物细胞的类型

植物由三种基本的细胞类型组成：

薄壁组织细胞：它们是排列松散的立方形细胞，内含叶绿体。薄壁组织参与光合作用和呼吸作用，并且可以储存养分。

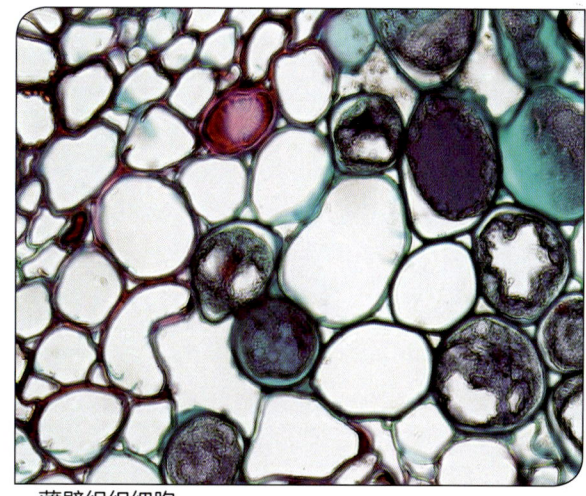

厚角组织细胞：厚角组织是细长形细胞，细胞壁增厚不均匀，主要对植物起支撑作用并使植物具有抗风的韧性。

厚壁组织细胞：厚壁组织细胞由非常厚的壁结构组成，且这些壁大多呈木质化。它们主要起支撑和增强硬度的作用。

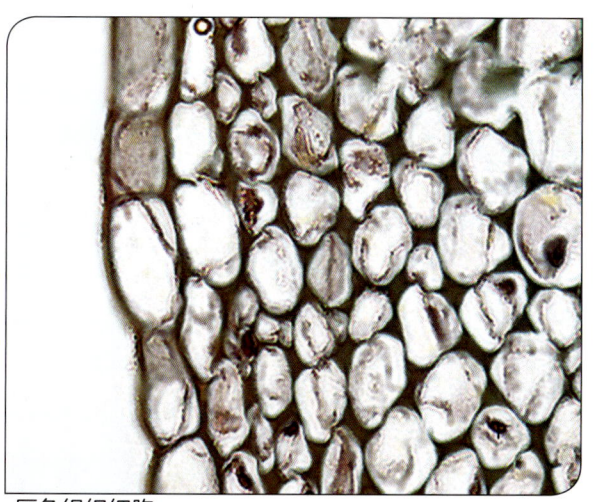

滑面内质网
粗面内质网
细胞壁
叶绿体

薄壁组织细胞

厚角组织细胞

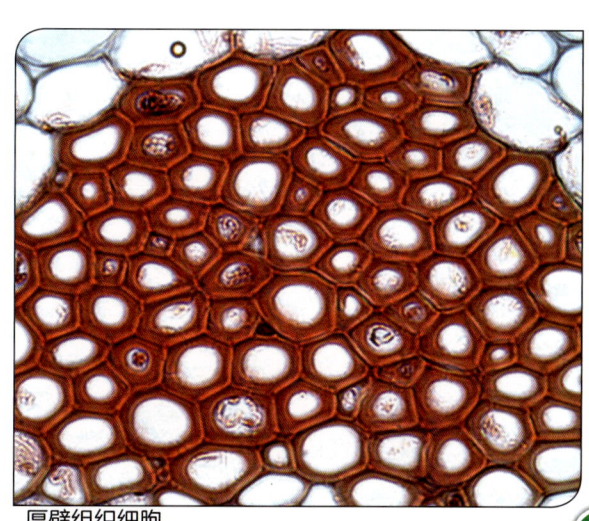

厚壁组织细胞

77

植物结构

植物的器官具有控制光合作用、运输、繁殖和养分吸收等不同功能，主要器官包括根、茎、叶、花、果实和种子。一个或多个器官遭到破坏都会影响植物的生存。

根

植物的根牢固地扎入土壤，使植物保持固定。根长出细线状的根毛，深入土壤吸收水分和营养。根吸收水分和营养主要靠渗透作用，即水分子通过半透膜从高浓度区向低浓度区渗透。

根尖是植物生长活跃的部分，由三个区域组成：分生区、伸长区和成熟区。

根还负责储存淀粉或水等物质。一些为人们所熟知的贮藏根有胡萝卜、甜菜、红薯和芜菁等。

不同的植物具有的根系类型也不同，这取决于它们是单子叶植物还是双子叶植物。单子叶植物有一片子叶，双子叶植物则有两片。单子叶植物，如草和水稻，一般都有细且分叉的须根系。双子叶植物，如向日葵和玫瑰，有一个主根向下生长的直根系。

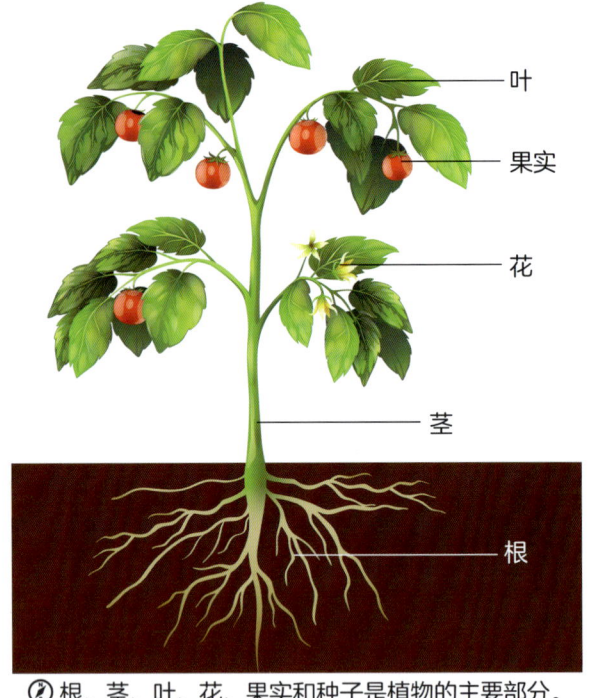

根、茎、叶、花、果实和种子是植物的主要部分。

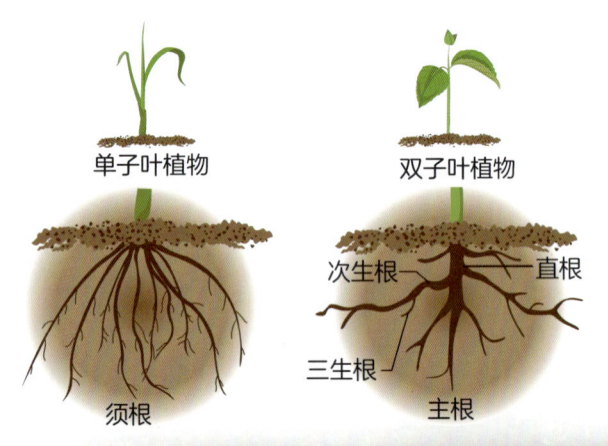

植物的根因为植物类型的不同有所差异。

茎

茎在种子萌发长成嫩芽后发育。茎向着阳光生长，叶子长在较小的茎枝上。土壤中的水分和营养物质通过茎输送到叶片。

叶

叶子有不同的形状，通过叶柄与茎相连。叶子有专门的细胞进行光合作用和蒸腾作用。光合作用是吸收光能生产糖类的过程。蒸腾作用是水从叶片散失的过程。由于叶绿素的存在，叶片通常为绿色。在干旱地区，植物的叶片表面有一层蜡质涂层，用于降低蒸腾作用。

百科档案

生长中的根尖受"根冠"保护。如果去掉根冠，根系将会杂乱无章地生长。

ⓘ 叶片的大小和形状具有多样性。

ⓘ 果实具有用于繁殖的部分——种子。

果实

植物的种子结构称为果实。和花一样，果实的形态也各有不同。许多果实都可食用，可食用的外皮叫作"果皮"。根据子房的发育情况，果实可分为单果、聚合果、多果和复果。

花

花有不同的颜色、香味和大小。花进化出了芬芳的香味和鲜艳的色彩，用于吸引昆虫和其他媒介来帮助传粉。传粉对于将花粉传到其他花朵上进行受精至关重要。花可分为只有雌蕊或者雄蕊的单性花，以及同时具有雌蕊和雄蕊，或者子房和雄蕊的两性花。

ⓘ 需要外部媒介传粉的花通常具有"吸引力"。

叶片结构

由于叶绿素的存在，叶片呈现鲜明的绿色。叶绿素可以大面积地吸收阳光，是光合作用的主要参与者。叶片结构多种多样，各不相同，由植物的生长环境和气候条件决定。

解剖叶片

虽然大多数叶片的形状、大小和纹理不尽相同，但它们仍然具有一些共同特征，包括都长有中脉、侧脉和叶片等。叶片中脉从茎一直延伸到叶尖。中脉分支成较细的侧脉，负责将水分运送到叶片的各个位置。叶片是叶子宽而平的部分。光合作用在叶片中进行。

⚡ 叶片的各个部分共同促进完成光合作用。

细胞层

叶片通常由两层结构组成：表皮和叶肉。

表皮：叶片的最外层，分为上表皮和下表皮，是内部细胞的物理屏障。表皮具有称为气孔的小孔，负责水和气体的交换。

叶肉：位于上下表皮之间，是光合作用的场所。叶肉也分为两层：上层是栅栏组织，下层是海绵组织。叶绿体分布于栅栏组织中，这里的细胞排列紧密，能有效地吸收二氧化碳。海绵组织排列松散，很少有叶绿体。

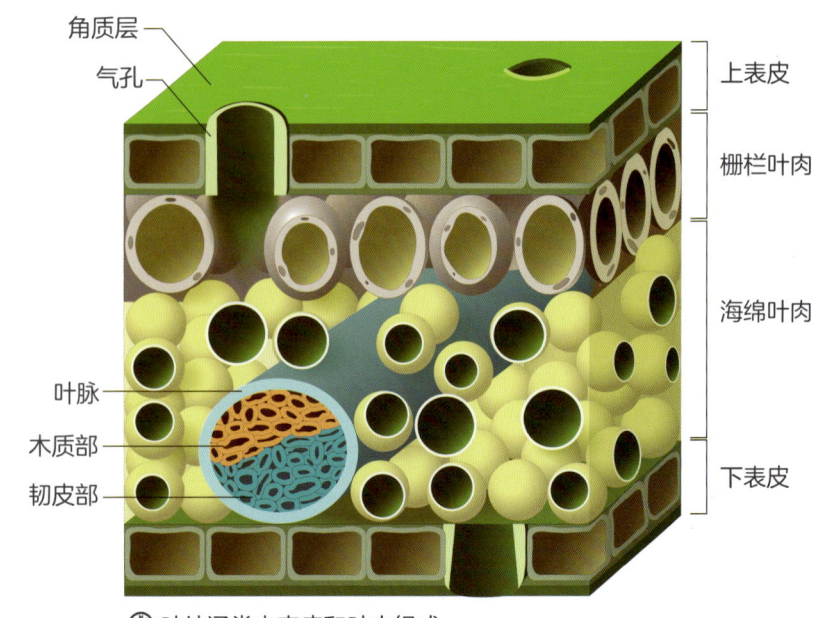

⚡ 叶片通常由表皮和叶肉组成。

叶片的功能

叶片通常具有很大的表面积，尽可能地吸收更多的阳光。叶片大多也比较薄，以便让大气中的二氧化碳能更容易地通过气孔进入到叶片中。叶片中的叶绿素可以吸收阳光，并将光能转化为其他化学物质。

叶脉网络不仅可以运输水分和营养物质，还是一个结构框架。叶片下方的气孔是气体交换和蒸腾作用的通路。

☉ 叶片细胞拥有内含叶绿素的叶绿体。

百科档案

有些叶片表面覆盖着微小的茸毛，称为"表皮毛"。食肉植物的表皮毛能够分泌消化酶。

叶片的适应性

叶片可以适应植物所在的生长环境和气候条件。一些叶片表皮较薄，近乎透明，有助于更多的阳光进入内部的栅栏组织中。叶片是光合作用的场所。少数叶片表面具有蜡质涂层，用于保护叶片免受强风的伤害。

一些叶片的最表层是栅栏组织，可以增强光合作用。一些叶片则比较厚且呈海绵状，可以使二氧化碳能够容易地进入叶片，并且还能增加表面积。针叶树生长在寒冷干燥的地区。针叶状的叶子可以防止植物脱水。

☉ 仙人掌的叶子很小，会在春天凋落。

☉ 蜡质叶片能够降低蒸腾作用，防御侵害。

光合作用

植物被称为"自养生物",它们可以利用阳光、水和二氧化碳生产糖类作为自己的食物。这个过程被称为光合作用。光合作用对人类和其他以植物为食、依赖氧气的所有生物来说具有重要意义。

什么是光合作用?

光合作用是利用阳光、二氧化碳和水生产葡萄糖和氧气的化学反应。植物、藻类和某些种类的微生物都可以进行光合作用。这个过程不仅可以生产食物,还可以制造氧气,对于维持地球上的生命来说至关重要。

植物利用光合作用所产生的糖类进行呼吸作用。呼吸作用将糖类分解并释放能量,并用于植物的生长和繁殖。植物将多余的糖类转化为淀粉、蛋白质或脂肪,并且将这些物质储存起来以备将来之用。

⊘ 阳光、水和空气对于植物的生存和糖类制造都是必不可少的。

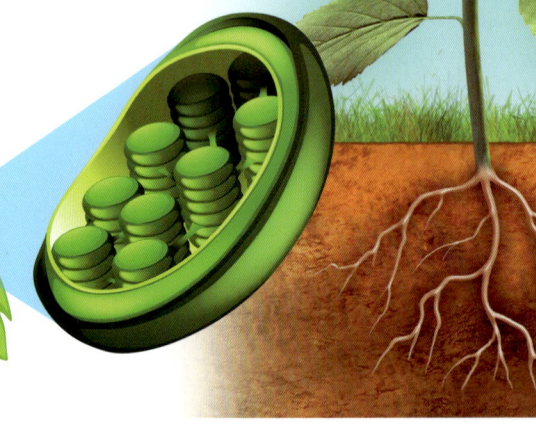

⊘ 绿叶具有叶绿体,可以进行光合作用。

叶绿素

叶绿素是光合作用中必不可少的色素。色素是一种可以吸收阳光的物质。色素的颜色取决于它吸收的可见光的波长。叶绿素是一种绿色的色素,可以吸收除了绿光之外任何波长的光。叶绿素是一种复杂的分子,在不同的光合生物中具有不同的变体。叶绿素a是蓝藻和大多数植物中最常见的色素。

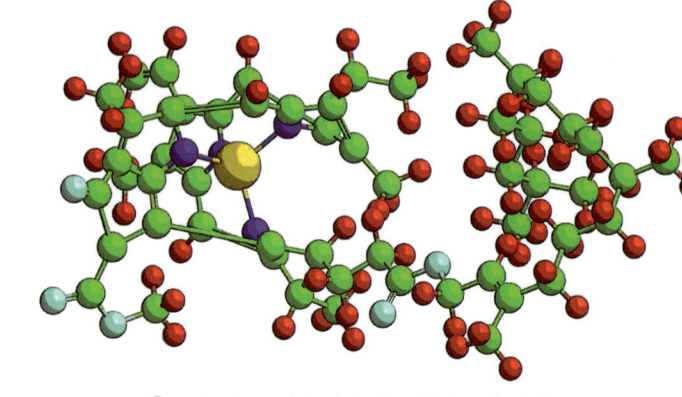

⊘ 叶绿素a是参与光合作用的主要色素之一。

光反应和暗反应

光合作用分为两部分：光反应和暗反应。暗反应利用光反应的产物作为原料，如果长时间处于黑暗条件下，暗反应将会停止。

光反应：光反应的场所是叶绿体的类囊体膜。尽管人造光源可在受控环境中引发光合作用，但在光反应中，阳光才是光线的主要来源。被吸收的光能将水分解为氢离子（H$^+$），氢氧根离子（OH$^-$）和以三磷酸腺苷（ATP）形式存在的能量。NADP是存在于叶绿体中的一种特殊分子，可以被还原为NADPH$_2$。

$$H_2O + 光能 \rightarrow NADPH_2 + ATP + O_2$$

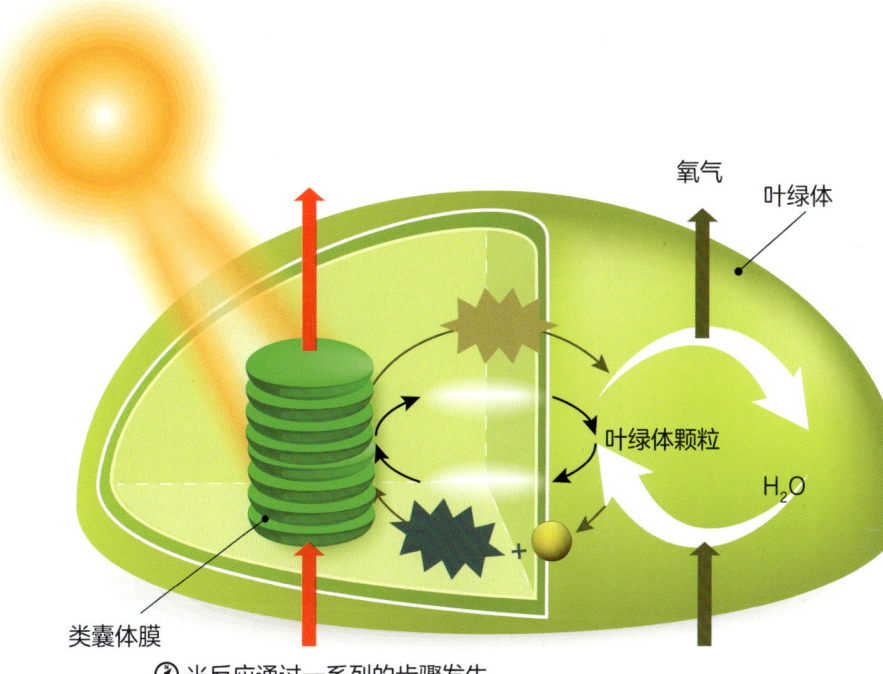

☉ 光反应通过一系列的步骤发生。

暗反应：又称"卡尔文循环"，发生在叶绿体基质中。这个反应的进行需要利用光反应的产物。暗反应在有光和无光的条件下都可以发生，之所以称为"暗反应"是因为它依赖光反应的产物作为原料。暗反应利用ATP、氢离子和二氧化碳来制造糖类。

$$6\ CO_2 + 12\ NADPH + 12\ H^+ + 18\ ATP \rightarrow C_6H_{12}O_6（葡萄糖）+ 6\ H_2O + 12\ NADP^+ + 18\ ADP + 18\ Pi$$

暗反应主要是一种酶促反应，比光反应的速率慢。

百科档案

枯死的植物储存有化学能，可作为生物能量使用。

☉ 煤炭由数百万年前的植物残骸形成。

光合作用的重要性

光合作用维持着地球上的生命。植物利用葡萄糖来生长和获取能量。以植物为食的动物被称为初级消费者或者食草动物。动物呼吸需要利用光合作用所产生的氧气，所以光合作用可以促进动物呼吸。因此，光合作用直接关系到地球上所有生物的生存。

☉ 化石燃料由动植物遗骸掩埋于地壳中形成。

影响光合作用的因素

影响光合作用的有很多大大小小的因素。温度、二氧化碳浓度、光强和水是一些重要的因素。其他变量如土壤中的矿物、污染物和反应持续时间也会影响光合作用的效率。

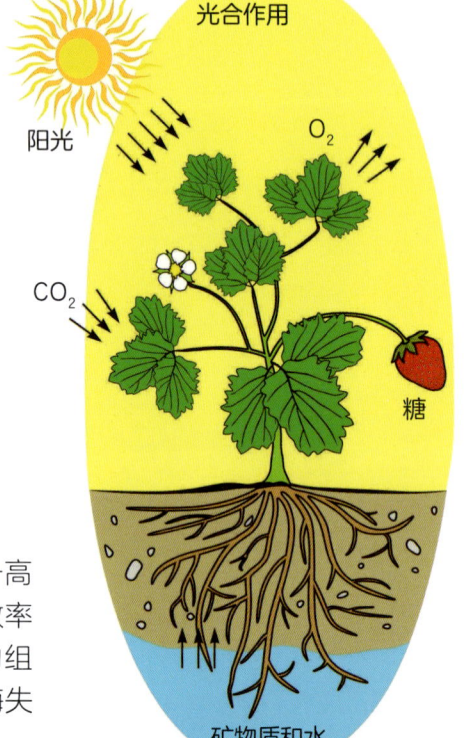

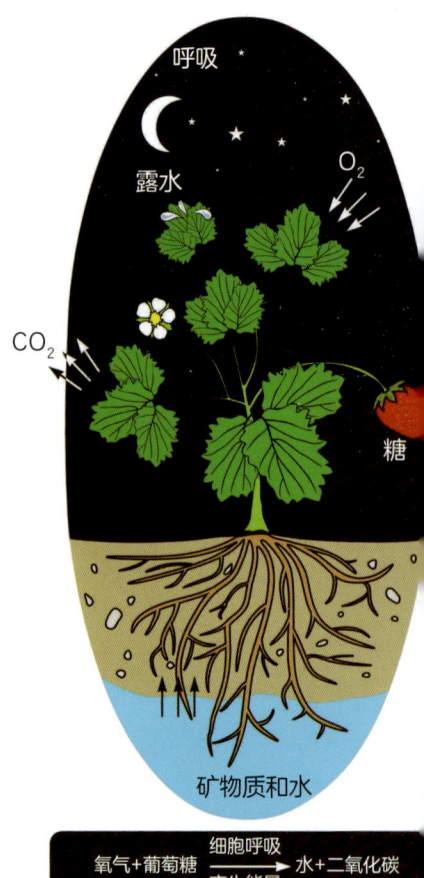

主要因素

温度：光合作用的速率随着温度的升高而加快。超过37℃时，光合作用的反应效率迅速下降，效果截然相反。43℃时植物组织会死亡。高温条件下，负责暗反应的酶失活。

光合作用的最佳温度范围因物种而异。地衣在20℃时进行的光合作用效率最高，而针叶树是35℃。仙人掌和耐热的沙漠植物适应了异常炎热干燥的天气，能在55℃的高温下进行光合作用。生活在温泉中的蓝藻和某些种类的细菌能在高达75℃的温度下进行光合作用。

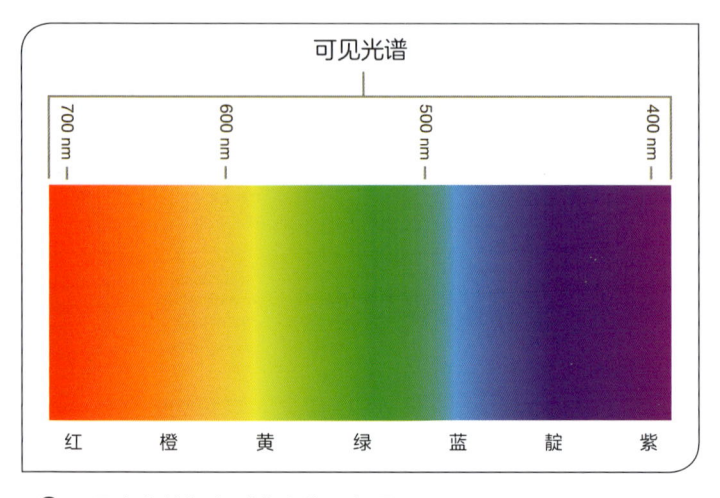

⚡ 光合作用在光线充足的白天进行。

⚡ 可见光中的绿光对光合作用很重要。

光强：在光强达到光合作用的光补偿点后，光合速率大于呼吸速率，植物才开始积累光合作用产物。

⚡ 蓝藻即使在75℃的情况下也能进行光合作用。

绿光（550nm）对于光合作用十分重要。没有光照，即使有充足的水和二氧化碳，光合作用也不能有效进行。光强增加，光合作用速率也会升高，达到光饱和点后，光合作用速率则不再增加。

二氧化碳浓度：大气中的二氧化碳含量约为0.03%。这种低含量的气体是光合作用的限制因子。限制因子是控制生物（本文中指的是植物）数量和繁殖情况的因素。二氧化碳浓度从0.03%增加到0.1%，光合速率也会随之提高。二氧化碳浓度超过0.1%后，光合速率保持不变。

水：土壤中水分的减少会导致叶片萎蔫，使光合作用速率下降，严重失水时甚至会破坏叶绿体。

温度、光强和二氧化碳浓度是影响光合作用的三大因素。

次要因素

矿物质：镁、铁、铜、氯、锰和钾等矿物质直接参与调节光合作用所需的酶。任一矿物质浓度的减少都会影响到光合作用速率。

百科档案

地球早期的大气层中二氧化碳的浓度高达20%。

污染物：臭氧和二氧化硫等气体污染物会降低光合作用的活性。

空气中的污染物会降低光合作用速率。

糖分累积：光合作用产生糖类。随着糖类含量的增加，光合作用速率下降，直至反应停止。糖类转化为淀粉，淀粉也开始在叶绿体中积累，降低了叶绿体的效率。

农民和农学家利用这个知识使植物的生长达到最大化。温室中的人造光源和石蜡灯通常用于提供额外的热量、光照和二氧化碳，以此来促进植物生长。

植物可以种植在温室中，使其生长条件得到控制。

85

蒸腾作用

蒸腾作用是植物中多余的水分被运输到叶片下方的气孔中，以水蒸气的状态散失到大气中的过程。蒸腾作用是发生于叶片的一种蒸发现象。水可以从茎或未受损伤的叶片上以液滴的形式溢出，这个过程称为"吐水"。

从叶片表面蒸发

在植物体中运输

水由根毛吸收

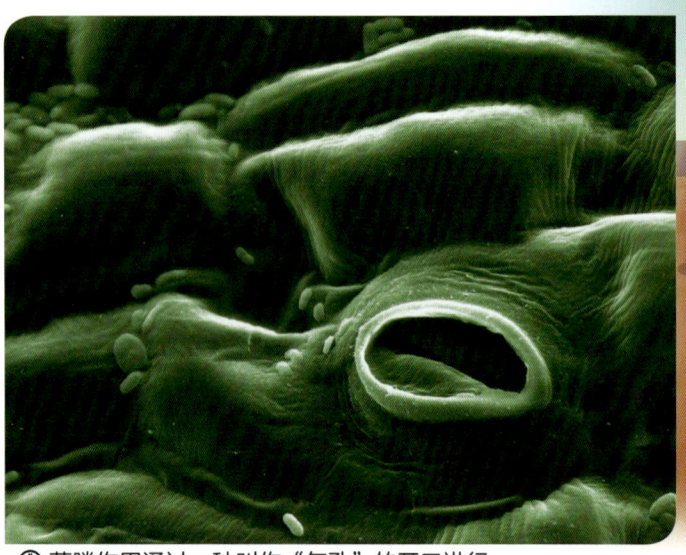

蒸腾作用通过一种叫作"气孔"的开口进行。

气孔

气孔是叶片上一种微小的开口。蒸腾作用和呼吸作用通过气孔进行。气孔位于叶片下方。植物通过气孔吸收二氧化碳，释放氧气。水蒸气也通过这些开口排出。每个气孔的开合都由两个保卫细胞控制。气孔的数量和分布因植物物种而异。睡莲和荷花等水生植物的气孔位于叶片上方。

薄壁
保卫细胞
细胞核
厚内壁
叶绿体

气孔打开　　气孔关闭

百科档案

你知道1公顷玉米每天能蒸发4.5到6.1立方米的水吗？

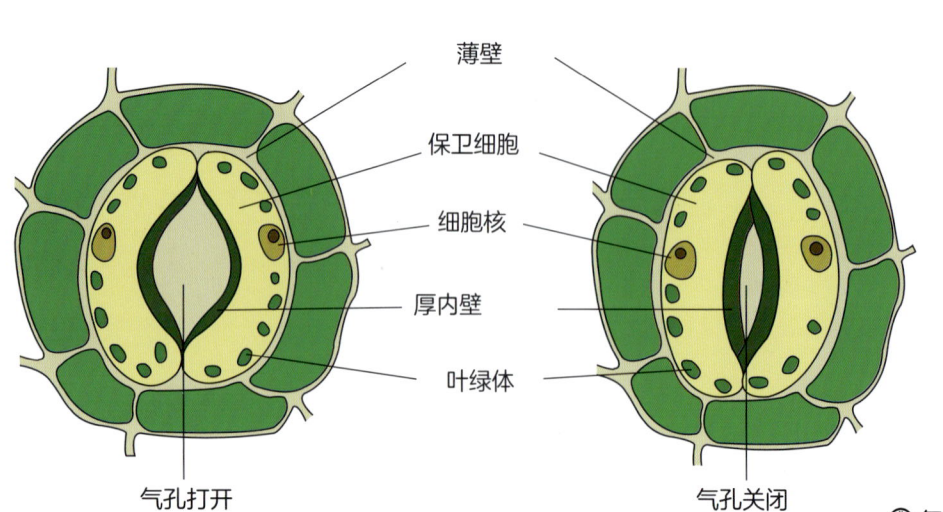

每个气孔的开闭都由两个保卫细胞控制。

蒸腾作用的机制

植物用于生长的水分仅占其水分吸收总量的5%左右。蒸腾作用是植物中的水分以水蒸气状态散失的过程。植物从土壤中吸收水分，并通过一种称为"木质部"的专门管道将水分运输至植物体的各个部位。运输到叶片中的水分通过微小的气孔散失。水分逆地心引力向上移动，在叶片细胞中扩散，部分水分会散失到大气中。

植物为什么发生蒸腾？

叶片发生蒸腾时，其中的水从液态变为气态蒸发到空气中。该过程在植物中发挥着多方面的作用，比如蒸腾作用能释放能量。水蒸气和能量散失到空气中能够给植物降温。另外在蒸腾过程中，水分携带溶解的矿物质向上运输到叶片中，能促进植物各个部位对营养物质的吸收。蒸腾作用发生时，气孔打开，此时植物可以进行气体交换。

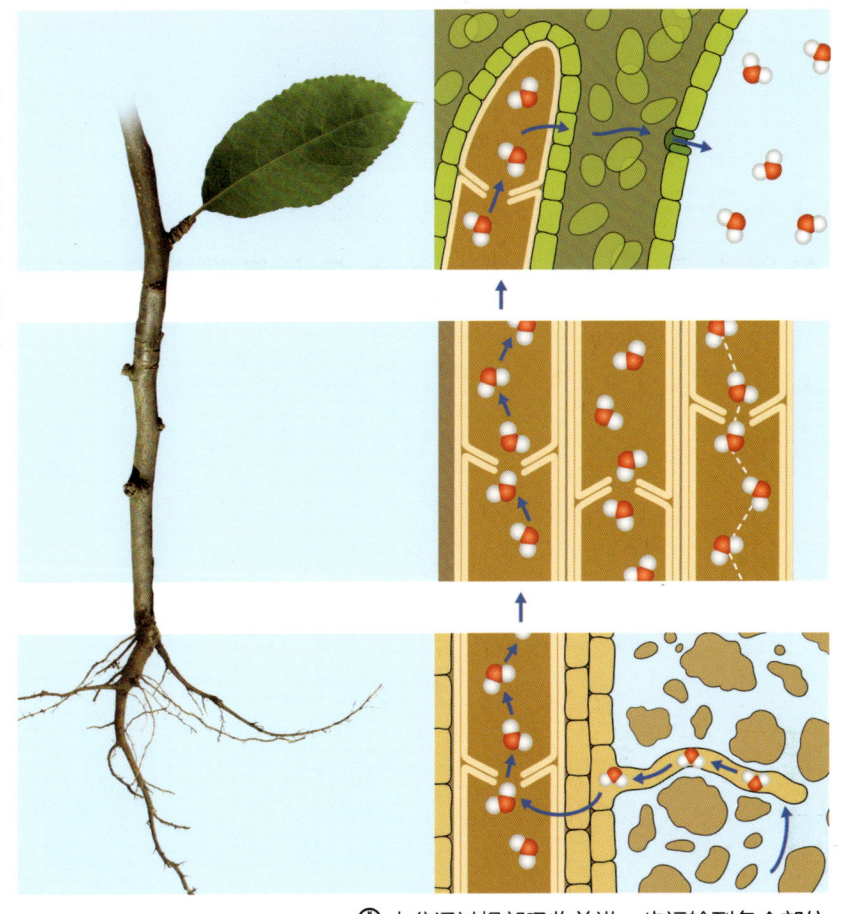

② 水分通过根部吸收并进一步运输到各个部位。

影响蒸腾作用的因素

影响蒸腾作用的因素包括：

光照：光照强时，气孔打开程度变大，进入植物中的二氧化碳变多，同时水分散失速度变快，蒸腾作用速率较高。
温度：在一定临界值下，温度越高，蒸腾作用速率越快。
风：促进植物体内水分的蒸发和散失，从而加快蒸腾作用速率。
湿度：大气中的水汽含量增加，会使植物蒸腾作用速率下降。

影响蒸腾作用速率的因素还可以影响植物从土壤中吸收水分的速率。植物缺乏水分或者根部受损时，降低蒸腾作用速率对于植物的存活至关重要。植物可以通过萎蔫自然地降低蒸腾作用速率，直到有水可用才会恢复正常。

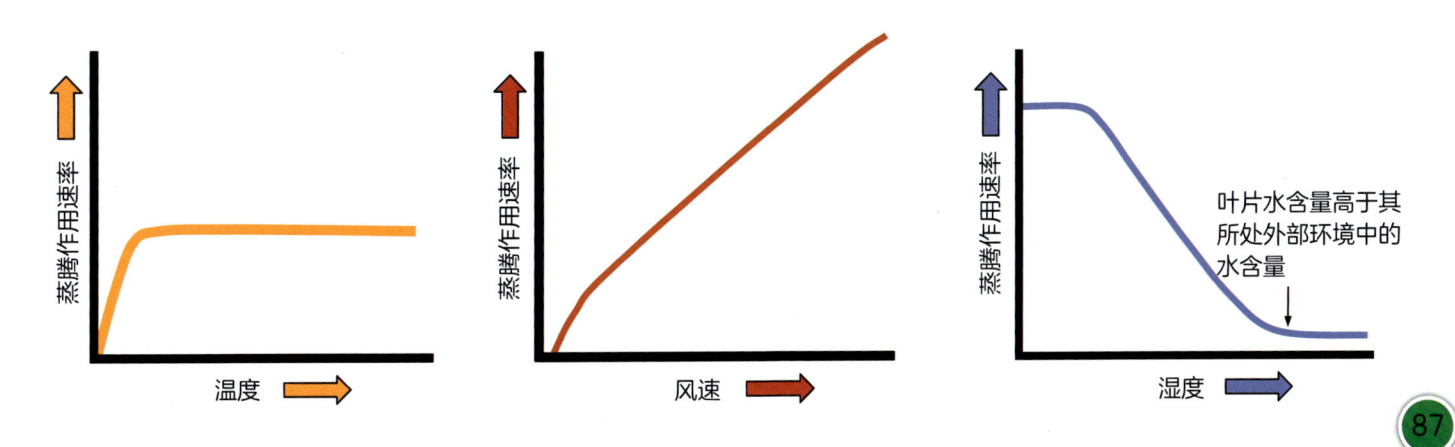

运输

维管植物与非维管植物的区别在于，维管植物具有专门疏导营养物质和水分的组织。植物通过木质部和韧皮部两个不同的系统将水分和矿物质输送到植物的其他部分。这两个运输系统由排列成排的细胞组成，形成管状结构，上下贯穿在植物体内。

木质部

根从土壤中吸收水分和溶解于水中的矿物质，接着通过木质部的管状网络将水和矿物质运输到植物各部分。木质部是一种将根系吸收的水分运输到植物体的叶片和茎等其他部位的组织。"木质部"一词的英文为"xylem"，其中"xyl-"在希腊语中意思为"木材"。木质部之所以叫"xylem"，是因为木材是一种木质组织。

组成木质部的细胞和其他细胞具有相似的生长过程，但在木质部的细胞形成细胞壁后，它们会产生一种名为"木质素"的化学物质。它的加入具有两个重要作用——木质素使细胞木质化后不会透水，同时会杀死细胞。随后木质组织变成由坚硬的死细胞组成的长形管状网络，这是远距离运输水和矿物质的理想结构。

木质部运输水分是被动发生的，这个过程不消耗能量。向上运输水分的难度随着高度的升高而增加，所以这成为了决定树木或者植物高度的限制因素之一。

最常见的木质细胞是管胞和导管分子，两者可以通过形状和大小区分开来。管胞呈长管状，次生壁较厚且已木质化，为许多木本针叶树提供了结构框架。导管分子比管胞短。导管分子之间相互连接形成长形导管。

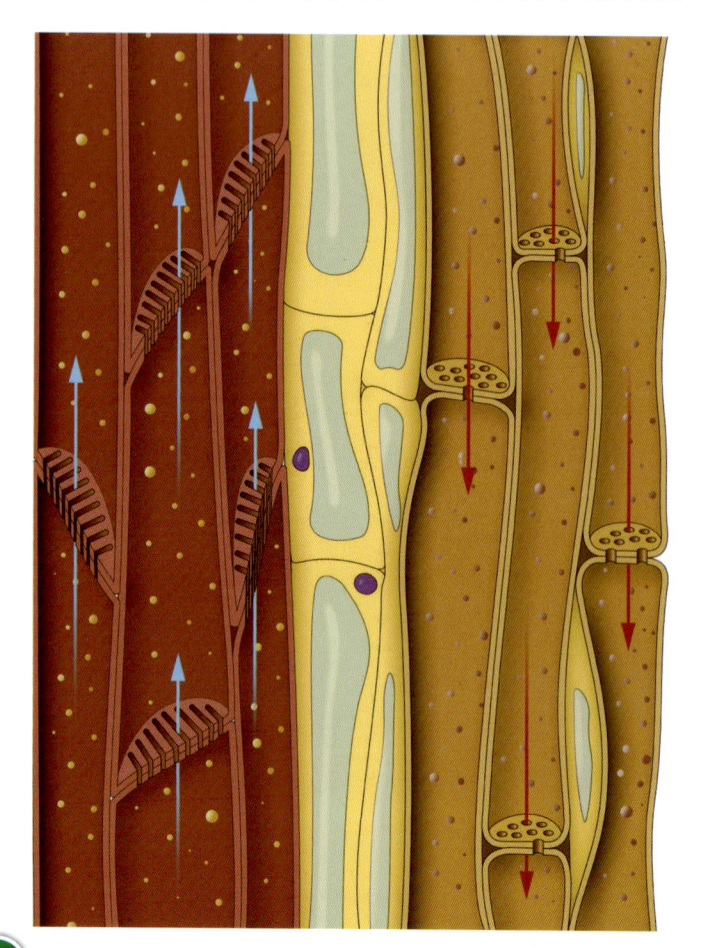

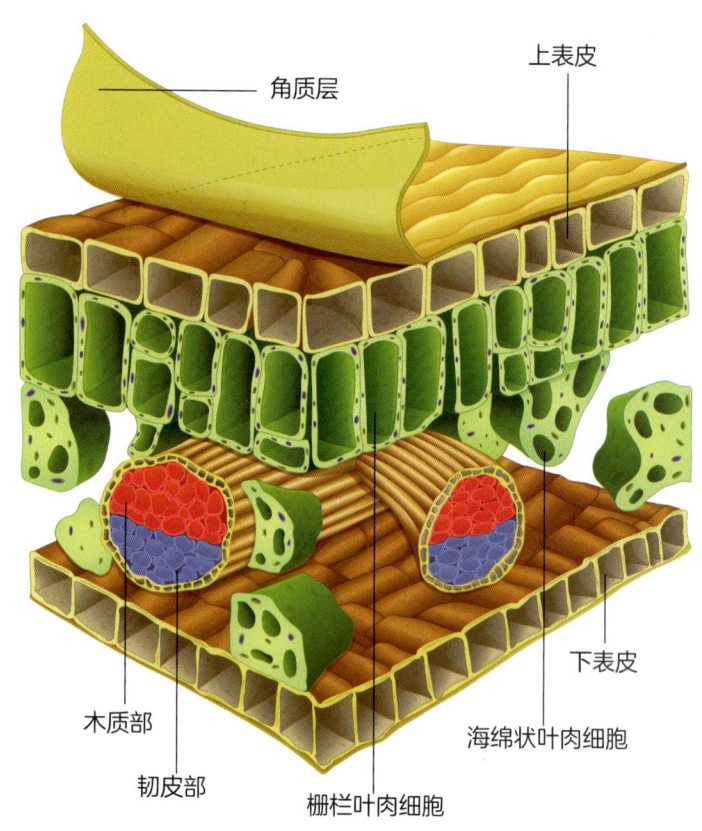

⑦ 木质部和韧皮部是植物的主要导管。

⑦ 木质部从根部开始运输水分，韧皮部则从叶片开始运输营养物质。

韧皮部

韧皮部是负责将叶片中的营养和矿物质运输到植物其他部位的组织。韧皮部英文为"phloem"，源于希腊词汇"phloios"，意为"树皮"。韧皮部之所以称为"phloem"，是因为它形成于树皮的最深处。韧皮部由根和芽的顶端分生组织或生长区分化形成。其运输糖类的过程称为转移。木质部和韧皮部主要的不同之处在于大部分的木质部都由死细胞组成，而韧皮部由活细胞组成。

韧皮部由许多具有专门功能的细胞组成。它们是：

筛管：像通道一样，用于长距离运输糖类。
韧皮纤维：对输导组织起支持作用，并为茎提供结构支撑。
韧皮薄壁组织细胞：又称"传递细胞"，位于叶脉和细枝附近的筛管末端。
伴胞：协助韧皮细胞，调节细胞活性以维持其存活。

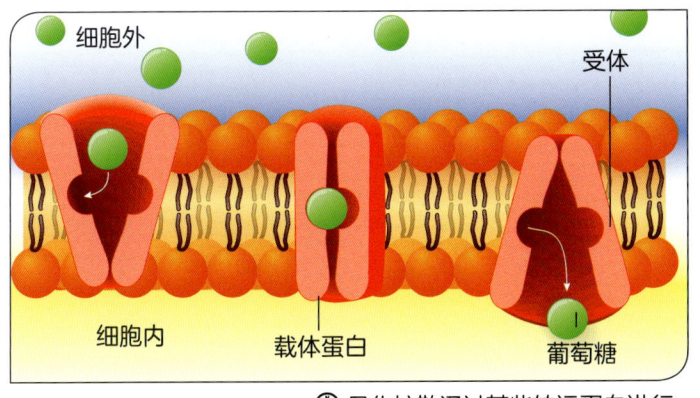

易化扩散通过某些转运蛋白进行。

百科档案

我们在一些植物中看到的汁液实际上是木质部和韧皮部运输的水分和营养物质。

运输机制

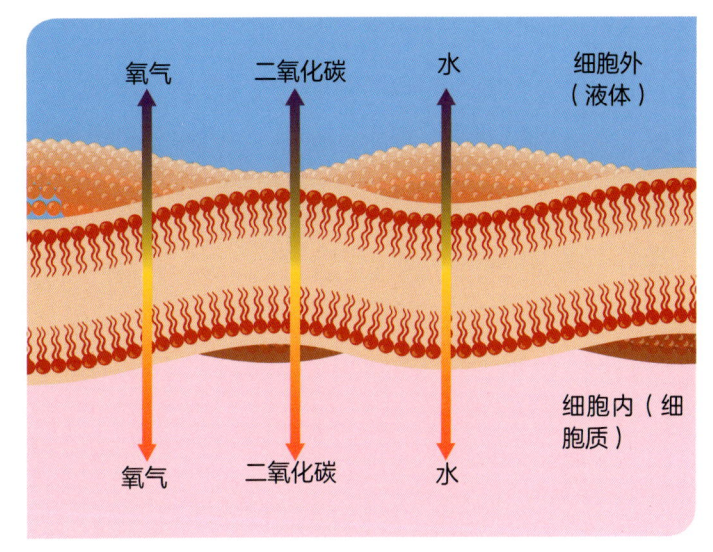

在简单扩散中，分子从高浓度区域向低浓度区域扩散。

水、矿物质和营养物质在植物中的运输方式有以下三种：

简单扩散：在该类型的运输中，分子通过浓度差进入植物细胞膜。扩散是分子从高浓度区域向低浓度区域迁移的过程。这个过程缓慢发生，不消耗能量。水和气体通过简单扩散进入细胞。
易化扩散：基于通过膜转运蛋白的能力，某些分子被选择性地吸收。蛋白质促进分子转运，该过程不消耗能量。
主动运输：在主动运输中，分子被植物细胞吸收，该过程需要消耗由ATP提供的能量。不同于分子从高浓度区域往低浓度区域迁移的扩散现象，主动运输为逆浓度梯度运输，包括以下两种类型：

同向协同：两个分子同时进入细胞膜。
反向协同：一个分子进入细胞膜而另一个分子被排出。

两种主动运输方式——同向协同和反向协同。

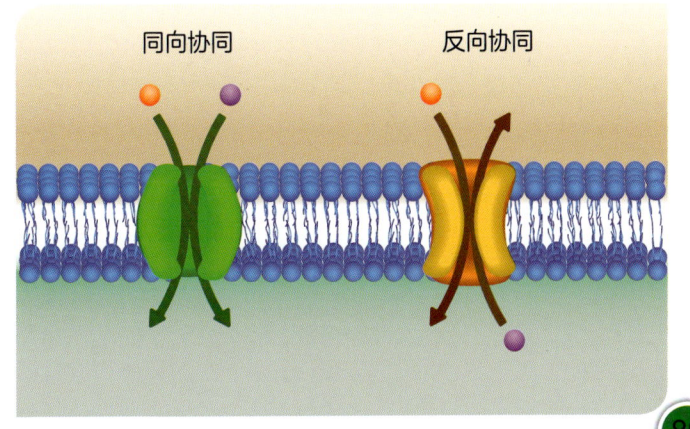

植物营养

除了阳光、水和二氧化碳外，植物还从土壤中获取各种不同的矿物质，以满足生存所需。动物食用的食物中已经含有矿物质，而植物需要从土壤中获取矿物质来生产复杂的大分子物质。植物根系从土壤中吸收矿物质，满足植物体的需要。对于植物来说，最重要的矿物质是镁和硝酸盐。

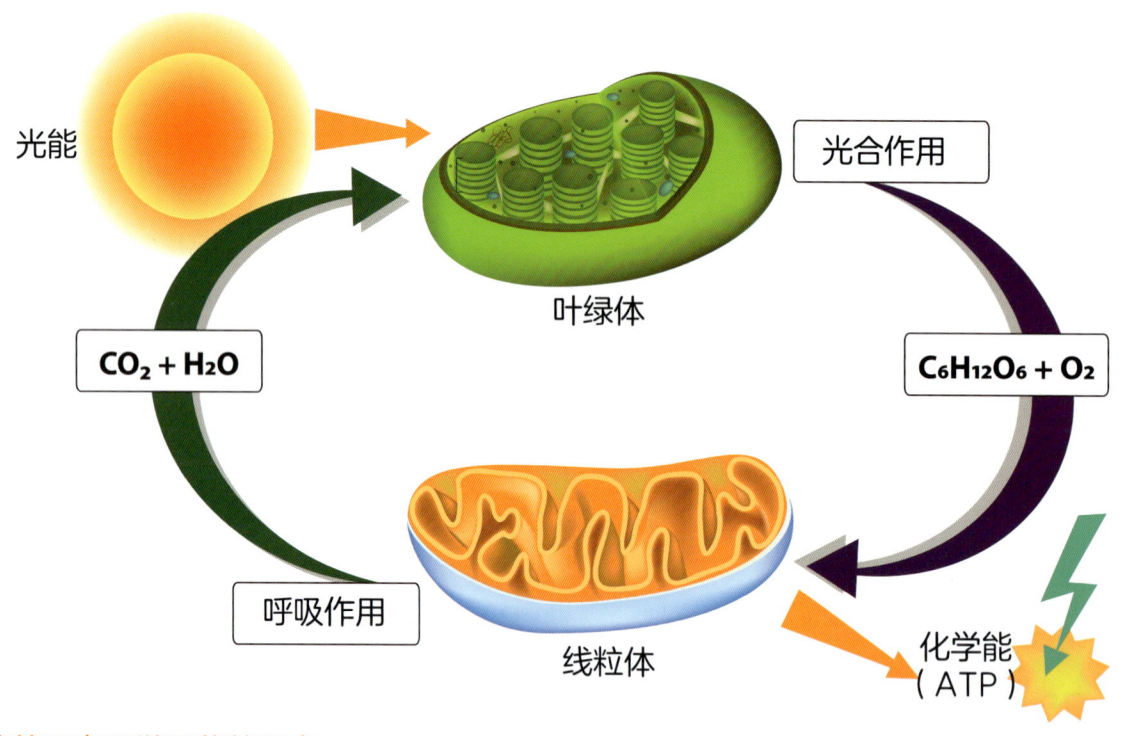

光能 → 叶绿体 → 光合作用 → $C_6H_{12}O_6 + O_2$ → 化学能（ATP）→ 线粒体 → 呼吸作用 → $CO_2 + H_2O$

叶绿体和线粒体是执行重要功能的关键细胞器。

大量营养元素和微量营养元素

植物正常生长发育需要17种营养元素。其中大量营养元素包括：氮、磷、硫、钾、镁、钙、氢、碳和氧。微量营养元素（矿物质）包括：铁、镍、锌、铜、锰、硼、氯和钼。

氢、碳、氧和氮等气体形成的营养元素主要来源于空气和水。植物对大量营养元素的需求量较多，约占植物干重的95%，对矿物元素的需求量较低，约占植物干重的0.02%。

矿物质吸收

土壤中只含有微量的矿物质。在有水的条件下，矿物质溶解于水中形成溶液。根毛处分布有专门的细胞，它们能够通过渗透或简单扩散从土壤中吸收矿物质。

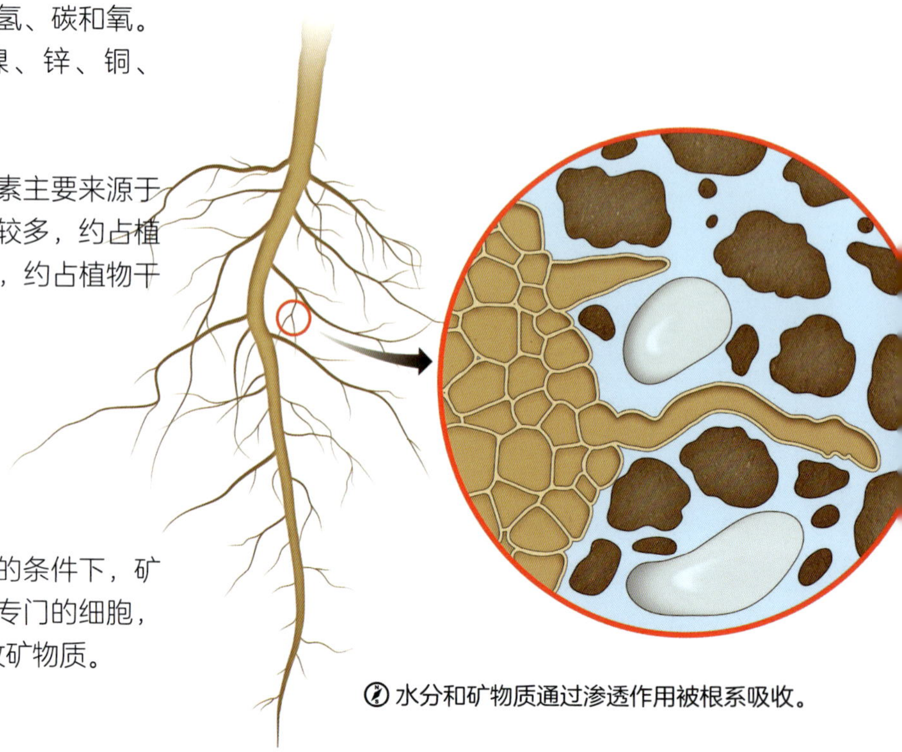

水分和矿物质通过渗透作用被根系吸收。

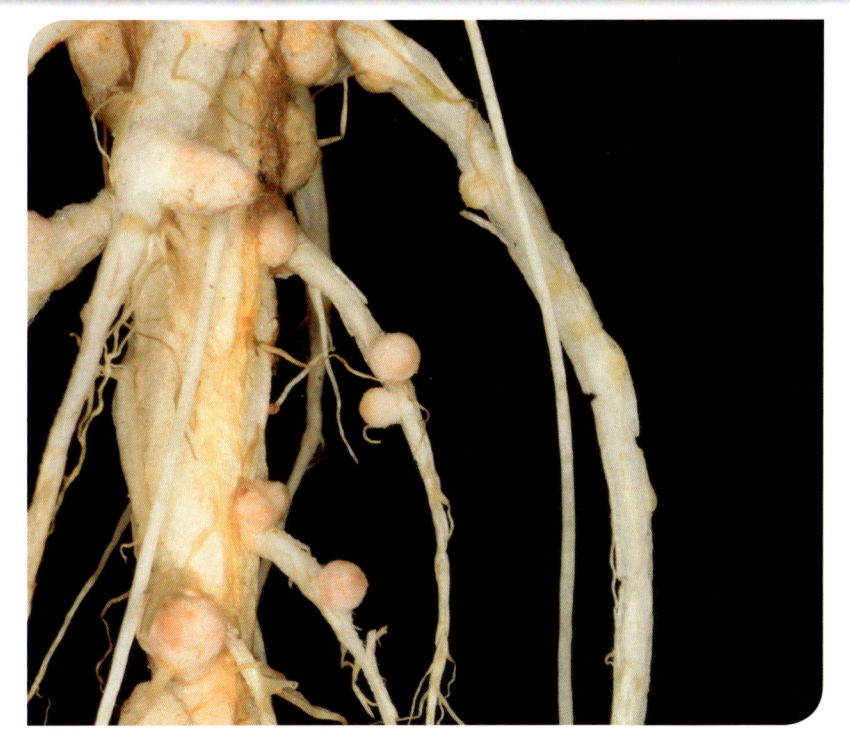

植物通过主动运输来逆浓度梯度吸收矿物质，该过程需要消耗能量。为了实现这一目的，根毛细胞表面具有专门的载体蛋白，可以选择性地摄取植物需要的矿物质。

豌豆和花生等豆科植物的根部具有根瘤，其中的根瘤菌能够将空气中游离态的氮固定下来，供植物使用，同时植物为根瘤菌提供养分作为交换。

⊙ 豆科植物的根瘤上生活着根瘤菌，能够帮助植物固氮。

植物生长所需的肥料

地球上大部分的土壤类型可以为植物的整个生命周期提供足够的养分。生长迟缓或者叶片发黄的植物可能缺乏一种或多种微量元素。

在农业中，为了促进作物的大规模生产，满足大量的消费需求，光靠土壤中的养分是不够的，对于重复耕作而言更是如此。所以必须以化肥的形式为植物提供养分。化肥可以促进植物生长，增加作物产量，补充土壤中缺乏的养分。最常见的化肥是氮磷钾复合肥，简称NPK（N—氮、P—磷、K—钾）。

百科档案

在美国，需求量最大的三种作物分别是玉米、大豆和小麦。

矿物质	用途	含量缺乏表现
硝酸盐	氨基酸的组成成分	生长不良，叶片发黄
磷酸盐	用于呼吸作用和DNA的合成	叶片褪色，根系生长不良
钾	用于进行光合作用和呼吸作用	花和果实发育不良
镁	光合作用所需叶绿素的重要成分	叶片发黄

过度使用化肥

化肥对于大规模的植物种植固然重要，但是过度使用化肥也会出现问题。最常见的是过量使用化肥或者使用劣质化肥，出现"烧苗"，导致根系受损或叶片萎蔫。

盲目使用化肥所引起的问题还包括土地污染、植物健康状况下降以及植物对害虫的吸引力增强等。

⊙ 在一块草地上观察到的烧苗现象。

植物生长

大多数植物可以不停地生长。和其他多细胞生物一样，植物通过细胞的生长和分裂来生长。细胞分化产生各种具有专门用途的细胞。

分生组织

植物进行生长的部位称为分生组织，这些组织分布于根和芽。分生组织是一种植物组织，其中的未分化细胞能够持续生长和分化。根尖分生组织分布于根尖和芽尖，可以促进根茎生长和花朵分化。

我们经常看到植物的一根枝条发育为具有优势的顶端分生组织。具有明显优势的分生组织会抑制其他分生组织的生长，所以植物的树干往往只有一根。

顶端分生组织保证了单个树干的发育。

植物的生长端有顶端分生组织。

初生分生组织

初生分生组织分化为三种类型。这三类分生组织负责植物的初生生长，如增加长度和高度。

原表皮层：形成新的表皮或者细胞的最外层。
原形成层：形成新的木质部和韧皮部。
基本分生组织：分化为新的基本组织。

百科档案

草的顶端分生组织位于叶片底部，所以它们在修剪或放牧后很容易再生。

次生分生组织

次生分生组织对于木本植物根茎的加粗或次生生长具有重要意义。草本植物和灌木没有次生生长。次生分生组织分为两种：

维管形成层：形成次生木质部和次生韧皮部，使树干加粗。

木栓形成层：木栓形成层位于表皮层和韧皮部之间，代替根茎表皮形成树木表面坚韧的树皮。

⚡ 维管形成层在树干上形成年轮。

⚡ 木栓形成层组成树木的外皮。

生长激素

植物可以合成5种影响植物生长、发育和衰老的激素。它们是：生长素、赤霉素、细胞分裂素、脱落酸和乙烯。

生长素：生长素负责促进细胞生长和伸长。植物生长点的生长素含量最高。生长素对于保持植物外形至关重要。

赤霉素：赤霉素的功能和生长素相似，可促进叶柄之间的茎枝伸长。叶柄是叶片与茎枝连接的部位。赤霉素的命名源于一种促使水稻疯长的真菌。有时农民使用赤霉素来刺激甘蔗伸长，以提高糖产量。

细胞分裂素：细胞分裂素的作用是刺激根和芽的细胞分裂。它们合成于顶端分生组织或生长点。这类激素可以延缓植物的衰老。

乙烯：乙烯可以促进果实成熟，是唯一一种以气态形式存在的植物激素。乙烯只能在有氧条件下合成，所以在运输水果和蔬菜时要保证它们处于低氧和高二氧化碳的环境中，以延缓成熟。

脱落酸：植物合成这类激素以适应缺水的环境。脱落酸可以向气孔发送关闭信号，从而降低蒸腾作用速率以减少水分散失。

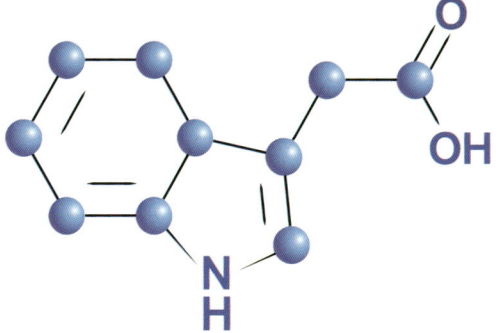

⚡ 生长素是一类帮助细胞生长的植物激素。

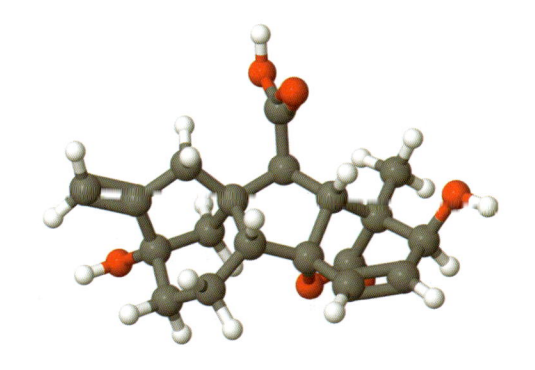

⚡ 赤霉素是一种植物激素，负责细胞的伸长。

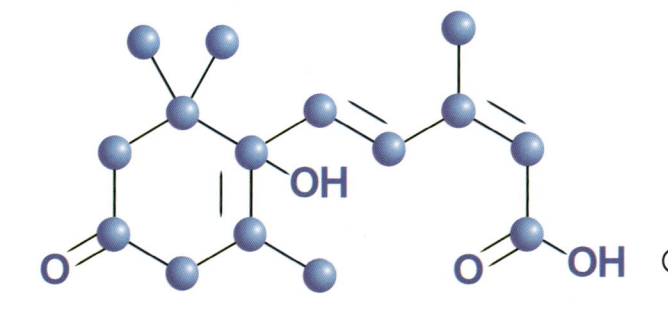

⚡ 合成脱落酸是在缺水环境下产生的。

93

发芽

种子发育成一株完整幼苗的过程称为种子发芽。植株所结的果实其实是内含种子的成熟子房。种子能够成功萌发需要依靠多种因素。

种子发芽分阶段进行。

种子的形成

雄性植株散播花粉使子房受精。受精后，子房发育成种子。在发育过程中，受精的子房向种子内部储存大量的碳水化合物和蛋白质，为正在发育的种子提供营养，并帮助它生根发芽。

种子可由不同的媒介携带而离开母株，这个过程称为散播。种子落到土壤后，在适宜的条件下可以发育成为新植株。

种子萌发的适宜条件因品种不同而有差异。

种子突破种皮后发芽。

发芽条件

种子通过种皮吸收周围的水分，开始生长。水分是种子启动各项生命活动必不可少的因素。种子突破种皮后，根开始生长。

然后地面以上的部分开始发育出茎。嫩芽首次冲破土壤时通常呈弯曲状。这是一种保护机制，使发育中的嫩芽免受物理伤害。嫩芽接触到阳光时会朝着光的方向缓慢生长并且开始进行光合作用。

一颗发芽后的种子具有一条根和一个芽。

发芽的适宜条件

适宜的环境条件对于发芽过程很重要。种子能否发芽取决于其所在的土壤深度、可获得的水分含量以及温度高低。如果土壤中具有充足的水分，种子可以通过"吸水"过程来吸收尽可能多的水分。

水分：水分可以激活种子内部的酶，诱发种子的生长过程。种子最先长出胚根来吸收土壤中的水分和营养物质，然后朝着太阳的方向长出嫩芽和叶片。嫩芽向光生长并远离地面的倾向称为"光形态发生"。

在大多数情况下，发芽是由吸水引起的。

氧气：在长出叶片之前，氧气促进了种子发育，加快新陈代谢使种子获得能量。埋入土壤或者浸水过深会导致种子无法获取足够的氧气。

温度：不同种类的种子发芽所需的阳光和温度条件存在差异。有时即使是同一棵植株所结的种子也可以在不同的温度下发芽。大多数种子萌发的最适宜温度是16~24℃。有的种子在略高于0℃的条件下便可发芽。有些种子则需要经历低温条件后才能转入发芽阶段，这个现象称为"春化作用"。另一个极端是某些类型的发芽所需的温度像森林大火所产生的温度那样高，这样才能迫使它们的种皮开裂。

百科档案

椰子的种子落到适宜的环境后通常需要3~6个月的时间才能发芽。

授粉

　　成熟的花粉从雄蕊传送到胚珠的过程称为授粉，也称传粉。许多植物能够进行自我授粉。然而有些植物需要借助风、水、昆虫和动物来传粉。传粉是一个重要的过程，传粉媒介者的数量发生任何变化都可能对植物构成重大威胁。

授粉过程

　　裸子植物的授粉过程相对简单：通过外露胚珠，花粉便可粘附在胚珠所分泌的黏性液体上。被子植物的授粉过程则比较复杂：胚珠嵌在花的中空器官即"雌蕊"中，花粉粒落在柱头上，接着发芽并发育出花粉管与胚珠连通。

　　花粉管中的两个精细胞，一个与胚珠中的卵细胞融合，并产生胚胎；另一个与胚珠的两个极核融合形成贮存食物的组织或胚乳。这个过程被称为"双受精"。胚珠逐渐发育变成种子。

⊘ 花粉粒的大小和形状各不相同。

⊘ 传粉成功后，要经历一系列的步骤才能发生受精。

非生物授粉

这种类型的传粉过程使用非生物方式传送花粉。采取非生物授粉的植物将精力用在散播花粉上，而不是吸引传粉者或分泌花蜜。

常见的非生物传粉媒介：

风：风是最常见的传粉媒介，其传粉量占所有非生物媒介传粉量的98%。在风的帮助下，花粉和种子可以散布到更大的区域，实现花粉的有效传播。靠风传粉的植物具有特别设计的能够飘浮的种子。蒲公英就是一种通过风来散播种子的植物。

雨：虽然雨会摧毁娇嫩的花朵，降低花对生物传粉者的吸引力，但是雨也可以帮助某些类型的花传粉。比如兰花利用雨水冲刷掉花药的包囊从而暴露花粉，使花粉随气流落到另一朵花的柱头上。这种方法在生物传粉者很少的地方很有用处。

水：当水经过雌蕊表面时，可以带走花粉并将花粉搬运到远离母株的地方。这种方法对于水生植物来说很有用，水生植物依靠这种有效的方式传播花粉。

传粉者

传粉者可以是哺乳动物、鸟类或者昆虫，它们可以帮助花粉从雄蕊传播到雌蕊上。只有传粉成功后，花朵内部的子房才能发生受精。

最常见的昆虫传粉者是蜜蜂、大黄蜂、蝴蝶、飞蛾和甲虫等。蝙蝠和鸟类也是重要的传粉者。猴子、袋貂、啮齿类动物、蜥蜴也能帮助授粉。

⊙ 在风的帮助下，蒲公英种子可以传播到很广阔的地区。

⊙ 雨是兰花的非生物传粉媒介。

百科档案

蜜蜂在传粉过程中发挥着重要作用，所以蜜蜂数量的减少会对农业和食物供应造成影响。

⊙ 啮齿类动物及负鼠等动物也能帮助授粉。

繁殖

植物通过有性繁殖或无性繁殖产生后代。无性繁殖无需配子融合，后代与亲本的性状完全相同。有性生殖是通过配子融合进行的。这种繁殖方式产生的后代具有不同于亲本的性状。

无性繁殖

无性繁殖在植物中很常见。在实验室里，通过提供适当的刺激和条件，植物组织有可能再生出一棵完整的植株。未分化的薄壁组织细胞可以发育成为新植株。

采取无性繁殖的植物在花和传粉方面所花的精力较少。无性繁殖的另一个优点是生产出的植株成熟速度更快。

无性繁殖的常见方式有：

- 发芽繁殖
- 组织培养
- 裂变繁殖
- 孢子繁殖
- 营养繁殖

⊙ 植株可以由植物的某些部位发育而来，比如叶片。

农民和农学家也可以人工诱导无性生殖。常见的方法有嫁接、扦插、压条和微型繁殖等。嫁接是用带子或绳子将两个植株部分接合起来的方法。扦插是将植株切成小段插入土中生长。压条技术是将近地的茎枝固定在地面上，接着覆盖土壤，使之发育成为新植株。这些人工方法有助于培育玫瑰、柑橘和一些其他植物的新品种。

营养繁殖

姜、洋葱和大丽花等植物由茎表面的芽生长而来。其他植物如红薯，它们的根部被称为匍匐茎，可以产生新植株。在自然状态下，水生植物也可以进行营养繁殖，其某些部位脱落后随水流传播，有可能发育成为完整的植株。鳗草和海草就是通过营养繁殖来繁衍的水生植物。

⊙ 许多水生植物通过营养繁殖来繁衍后代。

⊙ 嫁接是一种人工诱导植物无性繁殖的方法。

单性结实

开花植物无需雌雄配子结合便可产生种子。在减数分裂过程中，二倍体卵细胞在胚珠中发育，起着合子的作用。柑橘、蒲公英、毛茛、黑莓和覆盆子都采取这种方式繁殖后代。

⊙ 覆盆子通过单性繁殖结实。

有性繁殖

大部分开花植物的繁殖方式都是有性繁殖。花是植物用于繁殖的部分，具有明显的雄性和雌性生殖器官。雌蕊或心皮是雌性生殖器官，雄蕊是雄性生殖器官。雌蕊由花柱、柱头和子房组成。雄蕊由花丝和花药组成。花药产生雄性生殖细胞即花粉粒。

百科档案

"苔藓"植物通过叶子上形成的芽繁殖，并发育成完整的植株。

花可能同时具有雌蕊和雄蕊，也可能只有其中的一种。两性花既有雌性生殖器官，也有雄性生殖器官。玫瑰便是一种两性花植物。木瓜和黄瓜只开单性花。

依靠传粉媒介传粉的植物使用不同的方式来吸引传粉者，比如分泌花蜜、散发气味以及展现鲜艳的颜色等。

花瓣、柱头、花药、花柱、花丝、萼片、子房、胚珠、茎

⊙ 一朵花由许多部分组成。

⊙ 木瓜在不同的树上开出雄花和雌花。

植物的防御

植物无法移动，因此容易受到各种食草动物的攻击。为了有效进行自我保护并将机械伤害降到最低，植物进化出了不同类型的物理屏障、适应性及化学防御机制。一些植物能够分泌驱虫物质或毒素，召唤取食者的天敌甚至降低动物对植物的消化率等。

防御食草动物

物理屏障

植物防御食草动物的主要机制是物理屏障。大多数的树木具有厚厚的树皮和粗壮的树干，可以抵御动物的侵害。小型草本植物和灌木的物理屏障多种多样，包括刺、蜡质层和苦涩味道等，让动物难以下咽。例如未成熟的柿子单宁酸含量很高，因而果实带有苦味，可使动物拒食。

刺是最常见也是最有效的物理屏障之一。

轻轻地触碰便能引起荨麻的生理反应。

化学防御

食草动物仍然可以轻易地破坏这些物理屏障，因此一些植物进化出了其他的防御机制，例如可以分泌有毒化合物。食草动物食用了这些化合物之后，会产生各种各样的生理反应，包括尝到苦味、起皮疹、引起过敏反应或发生抽搐而面临危险等。通过过去的行为经验，食草动物便会学习到避开这些植物的行为。荨麻就是一个例子，它能够使动物产生刺痛感。

植物受到机械伤害时会启动另一种防御机制。它们会产生一系列挥发性化合物，吸引寄生虫来攻击捕食者。

一些植物为昆虫提供容身之所，并依靠它们抵御食草动物。

损伤反应

植物受到机械损伤时，病原体会趁机进入植物体内。和动物的免疫系统一样，植物能够产生毒素和酶来对抗病原体。这些化合物不是来自光合作用，也不是植物生长所必需的物质。

毛地黄是一种能够释放许多致命化学物质的植物，摄入这些化学物质会引起恶心、呕吐、幻觉、抽搐甚至死亡。

对病原体的反应

遭到特定的病原体攻击时，植物会启动多种防御机制。它们可以产生抗菌化学物质、蛋白质或酶来对抗病原体，有时还可以向气孔发送化学信号使其关闭，阻止病原体进入。植物甚至可以发生超敏反应，促使细胞迅速死亡，阻断病原体的侵染通道。一些植物的防御机制是刺激根系合成化学物质，以吸引土壤微生物来帮助它们对抗病原体。

⊘ 摄入毛地黄所产生的化学物质会导致生物出现严重的症状。

⊘ 含羞草对近距离触摸有反应。

感触性

植物应对接触刺激时的运动反应称为感触性。最有名的例子是含羞草。它们的叶子遇到触碰、震动或热量时便合拢起来。合拢后的叶子呈萎蔫状，以此来降低它们对植食性动物的吸引力。此外，植物的感触性运动还可以驱赶小型昆虫。

模仿和伪装

有些植物的叶子具有与虫卵相像的图案，可以防止昆虫在叶片上产卵。例如，雌性蝴蝶不会选择将卵产在已经有其他蝴蝶卵的叶子上。

百科档案

一些金合欢树为蚁群提供栖息地，作为回报，蚂蚁帮助合欢树防御食草动物。

植物病害

和其他生物一样，植物也会患病，影响它们正常的外观和功能。无论是栽培植物还是野生植物都会患病。病害的性质和严重程度因品种而异，并且还取决于多种环境因素。

植物病害的历史

植物病害已经存在了数百万年。化石证据表明，早在2.5亿年前，植物病害已经普遍存在。诸如霉病、枯萎病和锈病等病害都有历史记载。这些植物病害具有重大的影响，因为它们造成过大规模的饥荒和经济危机。

霉菌是一种可以感染不同植物的病原体。

百科档案

1845年，大规模的马铃薯植株感染晚疫病，导致了爱尔兰大饥荒以及随后的大规模对外移民。

植物病理学

当植物的正常生长和发育受到病原的阻碍时，便被认定为患病。病原体会影响植物一个或多个重要的生理活动或生化过程。

植物病害是由真菌、细菌、病毒、线虫、昆虫或其他寄生虫等病原生物引起的。此外，由于极端的温度、土壤、水或空气中的毒素以及矿物质缺乏等情况，也可能使植物患上非传染性病害。

人类直接依赖许多作物作为食物，因此研究植物的病害和预防具有重要意义。由于植物病害传播速度快，大规模的作物易受其害。整片种植地受病害影响时会使农民遭受损失。

柑橘溃疡病是一种感染柠檬、酸橙等柑橘类植物的细菌性病害。

原因和预防

生长在自然界中的植物经常会受到多种不利条件和病原体的影响。营养不良或土壤失衡时，植物容易遭受病原感染。

任何感染了一种病原体的植物还可能感染第二种病原体。由于受到感染，植物会表现出各种病态的生理特征。因此了解植物正常的形态和发育状况对于鉴别病害具有重要意义。

⊙ 晚疫病是一种会感染马铃薯的病害。

对整个种群具有全球影响的植物疾病包括：

- 马铃薯晚疫病
- 葡萄白粉病
- 咖啡锈病
- 棉花枯萎病
- 烟草青枯病
- 香蕉巴拿马病

⊙ 转基因香蕉具有抗病能力。

⊙ 玉米叶枯病可以摧毁整片玉米地。

植物病害的防控手段包括以下几种：

- 使用健康的种子
- 实行轮作
- 控制种植地湿度
- 使用杀虫剂
- 使用抗病的转基因种子

⊙ 施用杀虫剂是最常用的防治虫害的手段。

植物分类

在地球上繁衍生息的数百万植物物种中，大多数为开花植物。植物分为两大类：维管植物和非维管植物。植物的分类对于鉴别和比较不同的植物品种具有重要意义。

非维管植物

这类植物之所以称为"非维管植物"，是因为它们不具备运输水分和营养物质所需的组织。非维管植物被认为是地球上最早进化出来的植物类型。苔藓类植物是最常见的非维管植物。苔藓类、角苔类和苔类等都是苔藓类家族的成员。

苔藓类植物没有茎、叶和根，被认为是最简单的植物。也正因为如此，这类植物只能生活在水分充足的潮湿环境中。尽管缺少重要的组成部分，它们却掌握了极其多样的生存技巧。

苔藓类植物可以调节环境温度，减少水土流失，在环境的养分循环中发挥着重要作用。

它们不产生种子，而是通过孢子繁殖。

⊙ 石松是一种维管植物。

⊙ 非维管植物被认为是最早的植物类型。

百科档案

被子植物中有所有植物中长得最高、最粗壮以及寿命最长的树种。

维管植物

维管植物的特点是拥有木质部、韧皮部和清晰的组织。木质部将水分和矿物质从根部运送到植株的各个部位。韧皮部负责运输叶片中的光合产物。石松类、木贼类、蕨类、裸子植物和被子植物都属于维管植物。

蕨类植物

蕨类植物没有种子，是通过孢子繁殖的植物，现存12000多种。其孢子通常位于叶子下方，这样的叶片称为"孢子叶"。孢子由孢子囊中的弹簧状结构弹射到远处。

真蕨类植物是人们最熟知的蕨类植物。它们具有外观多样的叶状结构。真蕨类植物的复叶卷曲，直到叶片成熟才完全舒展开。

蕨类植物也有简单的茎，称为根状茎。虽然大多数蕨类植物生长在热带地区，但是它们已经适应了不同的陆地和水体环境。

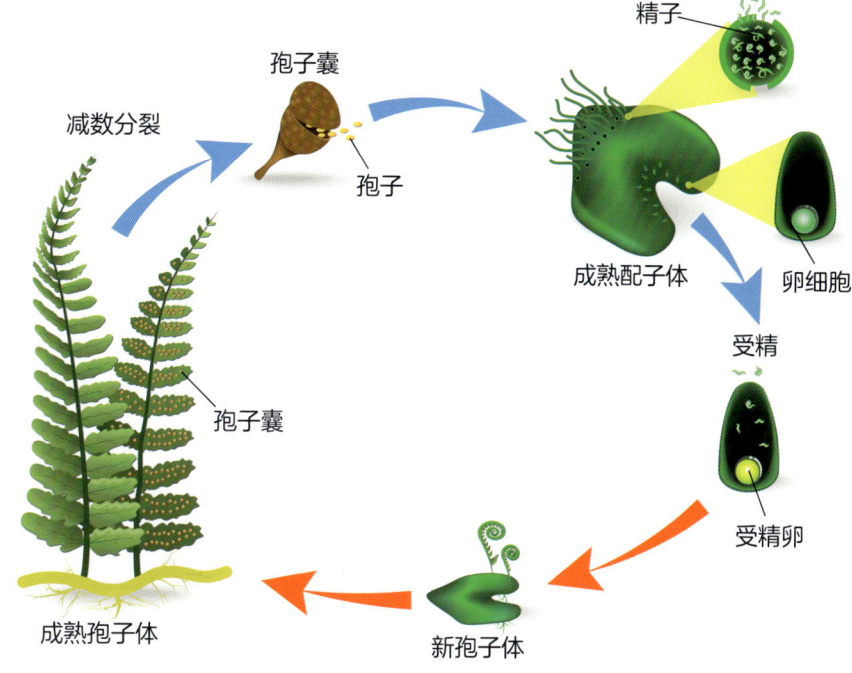

蕨类植物通过孢子进行繁殖。

裸子植物

"裸子"的意思是"裸露的种子"。裸子植物的种子外露，位于球果中而不是有果皮包被的果实中。裸子植物的球果有两种类型：雌球果和雄球果。

大量的裸子植物生长在北极地区和温带森林中。除此之外，其他很多地区也分布有裸子植物。一些为人们所熟知的裸子植物有冷杉、松树、云杉和铁杉等。它们都是优质的木材来源。

裸子植物的繁殖形式为球果，而不是果实。

被子植物

被子植物是种类最丰富的植物类型，现存数量约24万种。"被子"的意思是"有果皮包被的种子"。被子植物的种子通常位于果实或者具有保护作用的外壳中。已知的最古老的被子植物在三叠纪时期从裸子植物中分化出来。随着时间的推移，它们逐渐取代了针叶树种群（裸子植物）的优势地位，直到如今仍是如此。

开花植物，又称被子植物，是一个丰富多样的类群。

105

植物资源

人们大规模种植植物，以达到各种不同的目的，其中最主要的是利用它们所蕴含的资源。有些植物非常有用，几乎每一部分都有商业价值，对人类社会大有用处。植物资源主要分为四种：粮食作物类、纺织原料类、木材类和药用类。

粮食作物

为满足人类食用需求而种植的植物是粮食作物，主要包括：谷类作物、蔬菜作物、油料作物以及生产水果、坚果和种子的植物等。谷类作物是生产人类日常饮食所需食品的重要原料。它们能提供碳水化合物和蛋白质。

食用蔬菜、水果和坚果可以补充维生素、矿物质和其他营养元素。食用油可从花生、棉花、向日葵、棕榈和椰子等不同植物的种子中提取出来，提供人体所需的脂肪。马铃薯、红薯和山药等块茎作物富含淀粉。

纺织原料

大多数纺织服装和产品的材质都是由植物纤维加工而成的纱线。黄麻、大麻、稻草、亚麻、竹子、椰子叶和棉花等植物用于生产纤维，这些纤维可以制成绳索、衣服、篮子和垫子。

⊙ 谷类作物是世界各国人民饮食的重要组成部分。

⊙ 植物纤维用于制造各种不同的产品。

百科档案

棉花、水稻、大麻和苎麻可以加工成纸浆来造纸。

木材和木料

软木和硬木具有不同的用途。硬木用于建筑施工和制作家具等。乌木、柚木和桃花心木等都属于硬木。

软木更适合加工成纸浆，用于进一步制成纸张。软木还可以用作木柴生火。雪松、松木和红木等都属于软木。

为了制备纸浆，大面积的乱砍滥伐对森林和环境造成了严重影响。为了保护环境，实现可持续发展，木材厂和造纸厂在砍伐过的地方重新种上树木。

◎ 木材和木料广泛用于建筑和家具行业。

药用植物

自古以来，人们就依靠各种植物来配制药物并治疗多种疾病。古埃及历史记载的草药多达800多种。一些重要的药物就是用从树皮、根、茎、花和叶中提取的植物化合物制成的。2016年，据英国皇家植物园邱园估计，已有大约17810种植物被列为具有药用价值的植物。

◎ 许多药物和药品由植物制成。

经济作物

某些植物的种植目的，就是专门为了将其产品出口到其他国家，比如油棕、棉花、花生、桃花心木、橡胶、咖啡、茶、椰子、可可、甘蔗和烟草等。经济作物的种植根据地理气候条件而定。谷物、蔬菜和油料作物的生长需要温和的气候条件。咖啡树、油棕、可可树、香蕉、甘蔗和棉花等植物生长在热带和亚热带地区。北极和南极地区不适合种植农作物。

◎ 油是从不同植物的种子和其他部位提取出来的重要产品。

107

植物组织培养

植物组织培养是科学家们在受控条件下培育植物的重要方式，培育出的植物可用于观察和监测工作。植物组织培养技术利用一小块叶片或者根茎等植物组织就可以培育出完整的植株。组织培养对于植物的研究和商业生产具有重要意义。

全能性

植物组织发育成为完整植株的能力称为全能性。1902年，德国植物学家戈特利布·哈贝兰特首创植物组织培养技术。自那以后，这项技术不断发展，提高了科学家培育植物的效率。

全能性是植物组织发育成为完整植株的能力。

戈特利布·哈贝兰特是植物组织培养研究的先驱。

组织培养法

植物的生长发育需要合适的培养基。培养基充当土壤，用于提供植物需要的全部营养物质。在实验室中，温度、光照和水等生长条件也很容易得到调节。

在适宜的条件下，3~6周植物开始生根发芽。这个阶段的植物还培养在试管中。实验室严格保持无菌条件，所有的设备都经过仔细的杀菌处理。如果细菌或真菌孢子接触了培养基，它们便会生长繁殖，阻碍植物生长。

保持无菌条件是防止微生物感染植株的必要操作。

成长和发育

促进植物生长的环境条件因植物种类不同而有所差异。为了在实验室中培育植物，科学家使用特制的培养基。培养基的配制方法是在无菌水中加入各种原料，再加入胶凝剂，使液体固化成类似土壤的物质，供植物生长。

MS培养基是最常用的培养基，用于培育不同植物的组织。其成分包括有机化合物、无机化合物、矿物质和植物发育所需的生长激素等。

实验室配备有人造光源并且室内温度保持在最佳范围，以促进植物生长。在试管或培养瓶中培育出来的幼苗进一步被转移到花盆里，在温室中培育成植株。

⊙ MS培养基常用于植物组织培养。

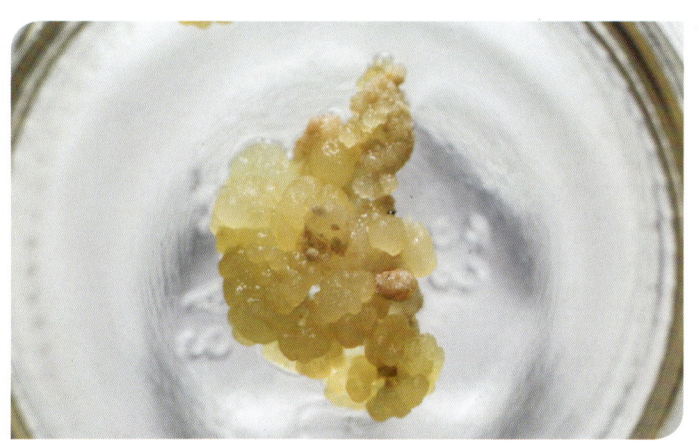

组织培养细胞的性质

不同于自然生长的植物细胞，由组织培养而来的植物细胞液泡更小，同时缺乏叶绿体，无法进行光合作用，并且在结构和性质上缺乏多样性。它们是一团未分化的细胞，与分生组织中的细胞类似。这些细胞团被称为"愈伤组织"，可以经人工诱导发育成不同的细胞类型。

⊙ 愈伤组织指的是未分化的植物组织。

植物组织培养的优势

植物组织培养的优势是可以将植物体的任意部位培育成完整的植株。利用这个技术可以人工繁殖更多具有人类所需特征的植株。用于该技术的母本植株要健康，无病害或腐烂情况。此外，母本植株必须要代谢旺盛，而不是处于休眠状态。用于组织培养的植物部分称为外植体。幼嫩的植物组织具有更多分裂旺盛的细胞，因此通常被选为外植体。

⊙ 实验室中培育出的幼苗可以在温室里种植。

百科档案

组织培养有助于培育兰花或猪笼草这类难以在正常条件下培育的植物。

转基因作物

基因工程在培育具有非天然特性的植物方面发挥着重要的作用。这项技术通过将外源DNA插入植物的基因组中，赋予植物独特的性质。许多转基因作物已经问世，但是越来越多的人对这项技术存在质疑。

对转基因作物的需求

随着世界人口的增长，人们对农业的需求也在不断增加。培育转基因作物的目的在于，通过人工提高植物对虫害和除草剂的抗性来提高产量。此外，引入优良的特性可以提高植物的营养价值，或者延长作物的保质期以方便运输。随着转基因作物的产量不断增加，出于安全考虑，越来越多的人对其提出质疑和反对。

引入外源基因

植物的基因组由所有编码不同的蛋白质和酶的基因组成。植物依靠这些蛋白质和酶进行生长和繁殖。基因工程可以赋予基因不同的特性。为了实现这一目的，引入的基因必须与基因组整合。成功整合基因后的植物进行繁殖时，基因和性状将遗传给后代。

百科档案

在美国，90%左右的大豆、玉米、棉花和甜菜都是转基因作物。

DNA导入植物基因组

培育转基因作物的第一步是将外源DNA导入受体细胞中。植物细胞具有厚厚的细胞壁，因此将DNA导入植物细胞比导入动物细胞的难度更大。基因枪法是导入外源DNA的特殊技术之一。基因枪可以将粘有DNA的细小金粉打入正在发育的植物组织中。

另一种将DNA导入植物细胞的方法是利用载体细菌或病毒对细胞进行感染。这些细菌或病毒经人为改造成具有目的基因的载体。根癌农杆菌是一种经常用作基因转移载体的细菌。在自然界里，这种细菌生活在土壤中，能够导致植物患冠瘿病。

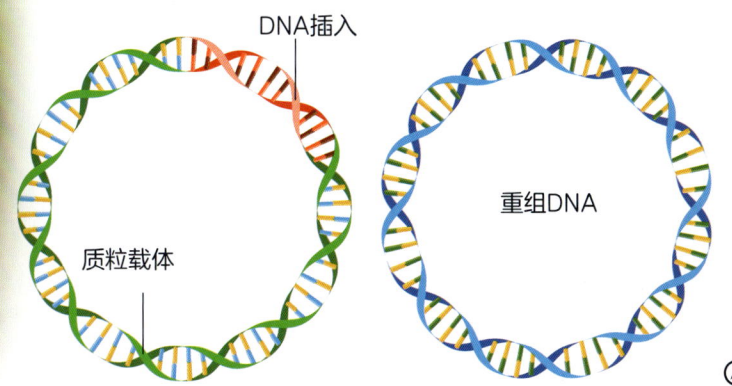

ⓘ 基因枪法是一种常见的基因导入方式。

ⓘ DNA重组技术可以将外源基因插入基因组。

在改造细菌的基因组时，基因工程师会去除致病基因，并且将目的基因插入细菌的基因组中。这个方法可以提高基因整合的成功率，而不会像基因枪法那样不稳定。在某些情况下，人们将目的基因插入细菌染色体外的DNA即"质粒"中，由此形成"重组DNA"。

成功整合外源基因的植物发育后会表现出所需的性状。基因工程师通过评价转基因植物在多个阶段中的生长和生产情况来鉴别目标性状和评估不良影响。即使移植到田间后，这些植物也要和其他植物分隔开来，以免发生交叉授粉和污染。

转基因作物

通过基因改造，植物可以保留对害虫、昆虫和杀虫剂的抗性，同时还可以生产维生素或其他有用的化合物。有些转基因作物经改造后比普通作物成熟得更慢，由此延长了它们的保质期。一些著名的转基因植物包括：

- 保质期更长的西红柿
- 抗棉铃虫感染的Bt棉
- 富含维生素A的黄金大米

ⓘ 番茄经过基因改造，保质期变得更长。

★ 世界教育学家倾力打造　　陪伴孩子科学健康成长 ★

小爱牛图书

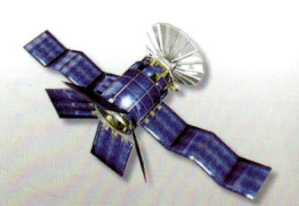

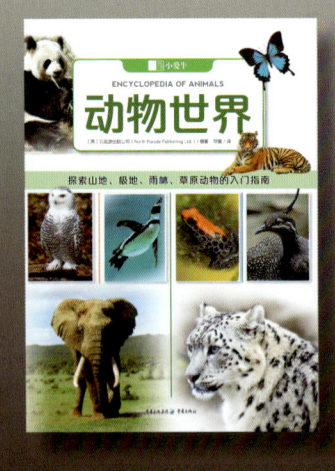

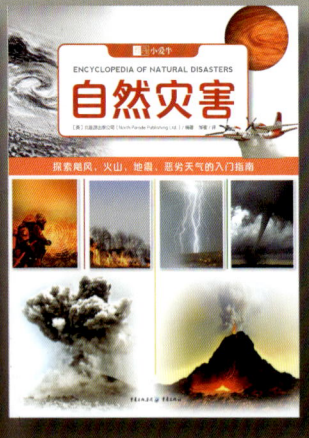

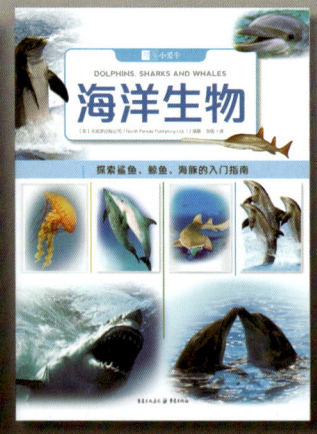

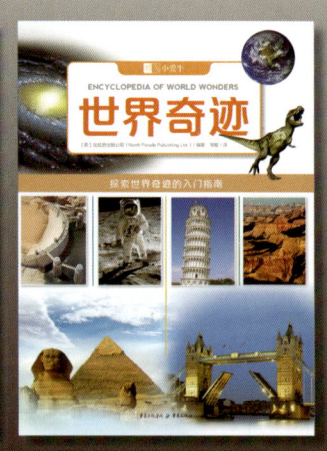

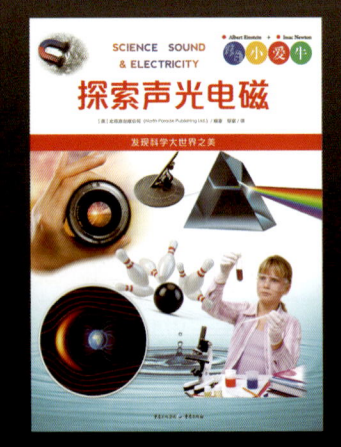

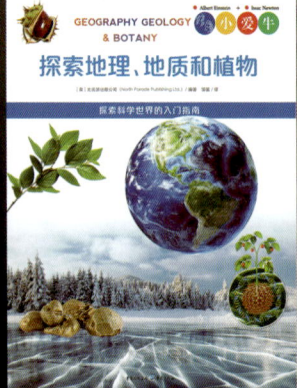

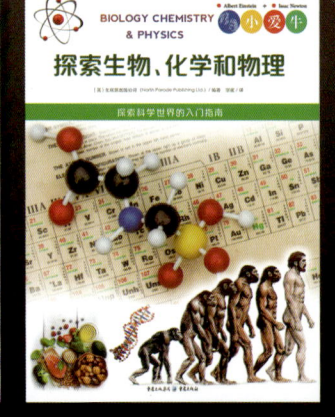

第一辑 7 册

- 《动物世界》
- 《自然灾害》
- 《海洋生物》
- 《世界奇迹》
- 《探索声光电磁》
- 《探索地理、地质和植物》
- 《探索生物、化学和物理》